Jan Verwoert (Hrsg.)

Die Ich-Ressource – Zur Kultur der Selbst-Verwertung

Jan Verwoert (Hrsg.)

Die Ich-Ressource –

Zur Kultur der Selbst-Verwertung

Volk Verlag München

Dieses Buch ist in Zusammenhang mit dem Symposium „Wechselwirkungen" entstanden, das im Juni 2002 als Teil der Ausstellung „eXchange&transform (Arbeitstitel)" im Kunstverein München stattfand.

Die Deutsche Bibliothek – CIP-Einheitsaufnahme
Ein Titeldatensatz für diese Publikation ist bei
der Deutschen Bibliothek erhältlich

© 2003 by Volk Verlag München
Säntisstraße 45 • 81825 München
Tel.: 0 89 / 930 61 30 • Fax: 0 89 / 93 93 29 13
www.volkverlag.de

Lektorat: Simone Groß
Cover: Michael Thomas
Druck: Himmer, Augsburg

ISBN 3-937200-00-2

Inhalt

Einleitung

Jan Verwoert

Ressource Ich. Die Kultur der Selbst-Verwertung.

SIE tut, was sie will, und macht ihre Sache gut, weil sie das letzte aus sich herausholt. ER ist flexibel und trennt nicht zwischen Beruf und Privatleben, weil seine Arbeit der Lebensbereich ist, in dem er seine Potentiale verwirklichen kann, in den er deshalb alle seine Energien einfließen lässt. Beide können ihre Fähigkeiten gut einschätzen. Ihre persönlichen Talente sind ihr Kapital. Sie begreifen ihr Ich als Ressource und haben gelernt, sich selbst bestmöglich zu verwerten. Um die Kultur einer Gesellschaft, die diese Form des Individualismus zugleich zum Ideal erhebt und als Norm verankert, geht es in den Beiträgen dieses Buches.

In der Kulturgeschichte der Moderne verbindet sich dieses Ideal einer durch selbstbestimmte Arbeit begründeten individuellen Freiheit mit der Vorstellung von der Existenzweise der Bohème, von KünstlerInnen und Intellektuellen, die leben, um nach eigenen Gesetzen zu arbeiten. Die authentische Verbindung von Leben und Arbeit galt als gesellschaftskritischer Gegenentwurf zum kapitalistischen Prinzip der entfremdenden Arbeitsteilung. Adorno schrieb in diesem Sinne 1945: „Weniges unterscheidet die Lebensweise, die dem Intellektuellen anstünde, so tief von der des Bürgers, wie dass jener die Alternative zwischen Arbeit und Vergnügen nicht anerkennt."[1] In der Gegenwart hat sich dieses Ideal der revolutionären Lebensführung auf einen Menschentypus übertragen, der den Geist des Kapitalismus verkörpert, wie kein anderer: der des Unternehmers. Jemandem, der es versteht, die Dinge selbst in die Hand zu neh-

7

men und das eigene Unternehmen zu gründen, werden in der öffentlichen Wahrnehmung künstlerische Attribute zugesprochen: Kreativität, Innovationskraft, Autonomie und eine Abneigung gegen eine Bürokraten- und Angestellten- Mentalität. Die Idealisierung des kreativen Unternehmers erlebte ihren bisherigen Höhepunkt zu Hochzeiten der New Economy um das Jahr 2000, als die Goldgräberstimmung im Bereich der neuen Technologien, der Internet-Boom und die Börsen-Euphorie eine Flut von Firmengründungen hervorrief. Der neue Unternehmergeist schien den Weg aus der seit den 70ern schwelenden wirtschaftlichen Dauerkrise zu weisen. Auf die überschwängliche Begeisterung folgte der Sog aus Firmenpleiten, weltweiter Rezession und allgemeiner Ernüchterung. Das Ideal der kreativen unternehmerischen Selbstverwertung verlor durch diesen Rückschlag jedoch weder an Bedeutung noch an Glaubwürdigkeit. Es bleibt das zentrale kulturelle Leitbild der (wachsenden Zahl an) Gesellschaften, die sich gemäß den Prinzipien neoliberaler Marktwirtschaft organisieren.

Für die zähe Überlebenskraft dieses Ideals gibt es Gründe. Es ist nicht das Produkt einer Mode, sondern das Ergebnis einer kollektiven kulturellen Produktion, in der über Generationen hinweg das Bild des modernen Individualismus entworfen, vorgelebt und verfeinert wurde. Das Ideal hat Tradition. Und es fehlen die Alternativen. Unsere Kultur hat momentan kaum überzeugende Ausweichmodelle zum Individualismus zu bieten. Der Manager eines globalen Großkonzerns wird sich mit jedem Globalisierungsgegner aus der Subkultur darauf einigen können, Individualist zu sein, weltoffen, flexibel und mobil zu leben, sich mithilfe des Internets zu informieren und organisieren, etc. Ein weiterer Grund ist, dass die Wirtschaft Individualisten braucht, in jeder Hinsicht und in zunehmender Zahl – als Produzenten, Produktvermittler, Konsumenten und letztlich als Produkt: Käufer werden heute als Individuen angesprochen. Sie erwerben daraufhin etwas, das ihnen das Gefühl gibt, Individuen zu sein. Um zu wissen, was man und vor allem wie man etwas verkaufen muss, um dieses Gefühl zu erzeugen, braucht man Experten, die Individualismus stilsicher vermitteln können, weil sie ihn selber leben. Voraussetzung für diesen Bedarf an Individualismen ist also der Umstand, dass heute nicht primär die Ware selbst, sondern das Image und damit die Lebensstil-Option konsumiert wird, die die Ware vermittelt (eine Einsicht, die Naomi Kleins Bestseller *No Logo* zum Allgemeinwissen gemacht hat). Das marktführende Image-Produkt ist der individualistische Lebensstil, von dem hier die Rede ist. Ob Nike ihr Image über einen populären Exzentriker wie David Beckham definiert oder Coca Cola und Levis mit subkulturell angehauchten, tätowierten und gepiercten Extremsportlern und Abhängern werben, ist einerlei. Kauft man die Ware, erkauft man die Option, sich als Mensch von heute fühlen zu können: individuell, kompetitiv, leger und alternativ. Diese Lebensstiloption wird weltweit auch in Ländern konsumiert, deren Lebensstandard dem der führenden Wirtschaftsnationen nicht entspricht. Bedingung ist allein, dass sich diese Länder in Mediengesellschaften verwandelt haben, in denen das Image als Produkt durch die Medien zirkulieren kann.

Überall, wo sich der Markt nach den Gesetzen der Mediengesellschaft reorganisiert hat, bildet sich eine neue Schicht von Arbeitskräften, die für die Produktion und Zirkulation der neuen Ware Image zuständig ist: Mediendesigner, IT-Experten, Content-Provider, Experten also für das Erscheinungsbild und die Funktionsweisen der Kommunikationstechnologien, mittels derer die Ware Image vermittelt wird. Mit diesen Experten entsteht eine neue Elite der Wissensgesellschaft, die Gruppe derjenigen, die gelernt haben, was den Markt von heute funktionieren lässt. Diese Elite ist sichtbar. Es sind die jungen urbanen Professionellen, die sich auf den Straßen der Metropolen zeigen und das Erscheinungsbild der Szeneviertel mitbestimmen. Sie praktizieren den Lebensstil, für den sie werben. Sie sind Rollenmodell und Zielgruppe in einem, da sie das Image, das sie produzieren, (noch vor allen anderen) selbst konsumieren. Sie sind flexibel und machen Karriere, weil sie gelernt haben, sich selbst mit unternehmerischer Effizienz zu verwerten. Zugleich sind sie Individualisten, einem alternativen Lebensgefühl verpflichtet und der Subkultur zugehörig. Dies ist wiederum kein Zufall, da viele der Kompetenzen, die in der Medienbranche und Kommunikations-Industrie gefragt sind, zum Bereich der künstlerisch gestalterischen Fähigkeiten zählen. Die Bohème ist das Milieu, in dem ihre Ausbildung stattfindet. Das Milieu ist zudem die Job-Börse und der Pool, aus dem sich Arbeitskräfte für temporäre Projekte in immer neuen Konstellationen rekrutieren lassen. Hier schließt sich also der Kreis zur traditionellen Herkunft des Ideals von der kreativen Selbst-Verwertung aus der Kultur der künstlerischen Lebensmodelle. Diese Kultur besteht weiter. Nur ist sie in vielen Bereichen nicht mehr eindeutig als ‚Gegenkultur‘ vom Mainstream der kapitalismuskonformen Lebensstile abzugrenzen.

Der Begriff der „Elite" erhält in diesem Zusammenhang eine neue, zwiespältige Bedeutung. In mancherlei Hinsicht lassen sich die unternehmerischen Individualisten eindeutig als Elite charakterisieren. Sie stehen an der Spitze einer gesellschaftlichen

Entwicklung, die sie durch ihre besonderen Leistungen und Qualifikationen voran treiben. Ihre Spitzenposition ist dabei nicht durch soziale Herkunft garantiert, sondern allein aufgrund individueller Verdienste erworben. In diesem Sinne bezeichnet David Brooks die unternehmerischen Individualisten als „Meritokraten".[2] Die Verwendung des Begriffs „Elite" mag in diesem Zusammenhang ungewohnt erscheinen. Der Grund hierfür liegt jedoch vor allem darin, dass sich die Vertreter dieser neuen Elite nur ungern zu ihrem Status bekennen, da sie, wie Brooks bemerkt, „in einem elitefeindlichen Geist erzogen" wurden. Sich auf das künstlerische Image und die gesellschaftskritische Tradition des modernen Invidualismus zu berufen, ist für die Mitglieder der Meritokratie also insofern wichtig, weil sie sich so zu ihren Wurzeln in dem subkulturellen Milieu bekennen, in dem sie aufgewachsen sind und ausgebildet wurden, und zugleich ihre reale Zugehörigkeit zu einem System leugnen, das sie prinzipiell ablehnen. Brooks formuliert es folgendermaßen: „Die hervorstechendste Leistung der Bildungseliten der Neunzigerjahre bestand darin, einen Lebensstil zu entwickeln, der es ihnen ermöglichte, wohlhabend und erfolgreich zu sein, andererseits aber auch rebellisch und unorthodox zu bleiben."[3] Er folgert daraus zynisch: „Um den Status eines Menschen zu ermitteln, nimmt man sein Nettoeinkommen und multipliziert es mit seinen materialismus-kritischen Überzeugungen."[4]

Ein weiteres Problem, dass die aktuelle gesellschaftliche Umstrukturierung mit sich bringt, ist, dass Teil der neuen Bildungselite zu sein nicht länger bedeutet, zu einem kleinen exklusiven Zirkel von Menschen mit gesicherten Privilegien zu gehören. Aufgrund der (temporären) Demokratisierung des Bildungswesens durch die Studentenrevolten der 60er Jahre verfügt eine große Anzahl von Menschen über die Ausbildung, Ideale und Lebensperspektiven, die es ihnen ermöglichen, zu den Hauptleistungsträgern der Medien- und Wissensgesellschaft zu gehören. Antonio Negri und Maurizio Lazzarato bezeichnen dieses Phänomen treffend als „Massenintellektualität".[5] Eliten klassischer Prägung verfügen über Organisationsformen (Clubs, Lobbies und Seilschaften), mittels derer sie ihren Mitgliedern langfristig Privilegien, soziale Sicherheit und stabile Einkommen garantieren. Die unternehmerischen Individualisten verfügen dagegen kaum über solche Organisationsformen, da sie ihre Positionen ja gerade aus ihrer Fähigkeit erlangen, sich selbst zu organisieren und durchzuschlagen. Ihre Arbeitsverhältnisse sind prekär, ihre Zukunftsaussichten unklar und ihre Einkommen kaum durch Standards abgesichert. Manche MediendesignerInnen mögen so zum Beispiel die Einkünfte von Spitzenverdienern aus der Wirtschaft haben. Ihre KollegInnen dagegen werden unter Umständen in einem Modus entlohnt, der im künstlerisch kulturellen Bereich üblich ist: Sie erhalten viel Anerkennung, aber wenig Geld. Da also die Höhe des Gehalts in keinem tariflich geregelten Verhältnis zur Qualität der erbrachten Leistung oder beruflichen Qualifikation steht, existieren in diesem Arbeitsmilieu zwar ungekannte Aufstiegschancen, aber auch enorme Einkommensunterschiede.

Ungeachtet der Tatsache, dass sich das Lebensmodell des unternehmerischen Individualisten also nicht einmal im Milieu der Elite, die es erprobt, als vollständig praktikabel erwiesen hat, ist es in der öffentlichen Wahrnehmung zum Erfolgsmodell schlechthin avanciert. Als solches wird es zur Zeit unterschiedslos auf alle Bereiche und Schichten der Gesellschaft übertragen. Es ist die neue Norm. Deutlich wird dies nicht zuletzt in der

Arbeitsmarktpolitik, in der das dem Diskurs des unternehmerischen Individualismus entlehnte Konzept der Ich-AG per Gesetz in die Praxis übersetzt worden ist. Zum einen ist es sicherlich positiv zu bewerten, dass der Staat durch die Förderung individueller Initiativen die spezifische Problemsituation von Arbeitsuchenden anerkennt, die wegen ihrer besonderen persönlichen Qualifikationen und Ansprüche nicht auf dem klassischen Arbeitsmarkt zu vermitteln sind. Zum anderen sind Arbeitsuchende nun im Prinzip dazu aufgefordert, den Umstand, dass sich der Staat für ihre Situation nicht länger zuständig fühlt, positiv zu sehen und das Problem, auf sich alleine gestellt zu sein, als die Freiheit zu begreifen, Unternehmer sein zu dürfen. Doch der freie Markt sorgt nicht für soziale Chancengleichheit. Das Konzept eines ‚Unternehmertums für alle' hätte nur dann eine reale Basis, wenn die kapitalistische Gesellschaft hierarchielos wäre und allen Menschen dieselben Entwicklungsperspektiven, und das heißt vor allem dieselben Ausbildungsmöglichkeiten, böte. Die Ausweitung des unternehmerischen Kalküls auf den Hochschulbereich führt aber derzeit genau dazu, dass eben diese Ausbildungsmöglichkeiten durch die Einführung und fortlaufende Erhöhung von Studiengebühren wieder zum Privileg werden. (Ohne reale soziale Rahmenbedingung bleibt vom Konzept der Ich-AG nicht viel mehr als eine romantische Fantasie: Ebenso wie man glaubt(e), jeder Mensch könne ein Künstler sein, wenn man ihn nur ließe, vermutet man nun, dass in jedem von Natur aus geniale Geschäftsideen schlummern, die ihn zum Unternehmer machen könnten, wenn man ihm nur die Freiheit gäbe, dies herauszufinden.)

In der aktuellen politischen Rhetorik ist so insgesamt die Tendenz festzustellen, dass die Konsequenzen des drastischen

Sozialabbaus durch das Verbreiten der Illusion verschleiert werden, der Zwang zur Eigenversorgung käme einem Zuwachs an individueller Freiheit gleich. In seinem Buch *Unser Effizientes Leben* kommentiert Dirk Kurbjuweit in diesem Sinne den Diskurs von der offenen Ausrichtung der Politik nach unternehmerischen Maßstäben, der Umwandlung der BRD in eine „Deutschland-AG" und der Bürger in Kunden: „Ein Bürger hat Ansprüche gegenüber dem Staat, zum Beispiel auf die Möglichkeit von Bildung, unabhängig von persönlichen Einkommen. Ein Kunde hat Anspruch auf das, was er bezahlt."[6] Wenn der unternehmerische Individualismus zur Norm wird, stellt sich Kurbjuweit zufolge die Frage: „Muss ich mich durchökonomisieren wie ein Unternehmen, muss ich zur Ich-AG werden, um den Anforderungen unserer Zeit zu genügen?"[7] Unabhängig von den bedrückenden Prognosen, auf die umfassende Analysen der aktuellen Ökonomisierung des Sozialen zurecht hinauslaufen, bleibt jedoch festzuhalten, dass der ideologische Missbrauch das Lebensmodell des unternehmerischen Individualisten dieses nicht notwendig gänzlich entwertet. Vom Prinzip her bleibt dieses Modell einem emanzipatorischen Ideal verpflichtet: Die eigene Arbeit selbst zu organisieren, heißt, sich die Freiheit zu nehmen, die Ziele der eigenen Produktion selbst zu definieren, die Ergebnisse selbst zu verantworten und die Früchte der eigenen Arbeit selbst zu genießen (das heißt, in klassischen Begriffen formuliert, die Verhältnisse von Entfremdung und Ausbeutung zu überwinden). Angesichts der momentanen wirtschaftlichen, politischen und kulturellen Situation entsteht so die Herausforderung, von Fall zu Fall zu überprüfen, ob die Freiheit, die im Namen des Ideals vom unternehmerischen Individualisten versprochen wird, real einlösbar ist, oder ob im

Windschatten des Freiheitsversprechens in Wahrheit die Grundlage sozialer Gerechtigkeit zerstört und der Zwang zur Leistung erhöht wird.

***

Von einer ‚Kultur' der Selbst-Verwertung zu sprechen, heißt also, darauf hinzuweisen, dass wirtschaftliche und arbeitsmarktpolitische Realitäten nicht losgelöst von den Auffassungen und Einstellungen zu verstehen sind, die das Gesellschaftsklima bestimmen. Der Überbegriff der Kultur rückt den gesamtgesellschaftlichen Zusammenhang ins Blickfeld, innerhalb dessen der Lebensstil des unternehmerischen Individualismus oder der Boom der New Economy ihre Bedeutung gewinnen. Wirtschaftliche Entwicklungen werden als Teil gesellschaftlicher Prozesse verstanden, in denen außerökonomische und immaterielle Faktoren durchaus eine entscheidende Rolle spielen. Im Feld der kulturellen Produktion im engeren Sinne (also Kino, Mode, Kunst, Literatur, Theater etc.) werden so eben die Lebensentwürfe, Denk- und Redegewohnheiten, Wunsch- und Zielvorstellungen entworfen, die mit der Zeit zum Allgemeingut werden und individuelle Lebens- wie Berufsentscheidungen motivieren. Die Ökonomie erklärt sich nicht selbst. Die Gründe dafür, persönliche Arbeitskraft, Lebenszeit und Energie in sie zu investieren, müssen aus anderen Ressourcen bezogen werden. Geld allein reicht nicht, um jemanden allmorgendlich dazu zu bringen, aufzustehen und arbeiten zu gehen. Dazu braucht es ein Bild oder Versprechen von dem, was man durch die Arbeit ist oder wird, sei es ein verantwortungsvoller Brotverdiener oder ein glamouröser Aufsteiger: ein Rollen-Modell also, das kulturell vermittelt ist.

Auch die Bildung und das Bestehen von Arbeitsgemeinschaften lässt sich kaum ohne Bezug auf geteilte Vorstellungen von gemeinsamen Zielen begründen. Wie könnte man sonst erklären, dass Individuen, die das Gesetz des Marktes eigentlich zu Konkurrenten machen sollte, wirtschaftlich kooperieren und gesellschaftlich zusammenleben? Etienne Balibar schreibt hierzu: „Anstatt uns die kapitalistische Arbeitsteilung als etwas vorzustellen, was die menschlichen Gesellschaften zu relativ stabilen ‚Kollektiven' macht, müssten wir sie vielleicht als etwas denken, was sie *zerstört*. Oder vielmehr als etwas, was sie *zerstören* würde (...), wenn es nicht andere soziale Praktiken gäbe, die ebenso materiell, aber nicht auf das Verhalten des homo oeconomicus reduzierbar sind."[8] In Bezug auf die Kultur der Selbst-Verwertung ist in diesem Sinne festzustellen, dass es die Gesellschaft paradoxerweise im Glauben an das Ideal des kompetitiven Individuums eint. Alle sind sich einig, dass jeder für sich kämpft, und ziehen deshalb am selben Strang.

Es liegt in der Natur der Sache, dass das dynamische Ineinandergreifen von kulturellen Motiven und ökonomischen Prozessen nicht als einfacher Kausalzusammenhang beschrieben werden kann. Die AutorInnen dieses Buches versuchen in diesem Sinne in ihren Beiträgen spezifische Verbindungen, Transfers und Wechselwirkungen zwischen kulturellen Diskursen und ökonomischen respektive arbeitsmarktpolitischen Entwicklungen aufzuzeigen.

Die Beiträge von Alexander Meschnig, Gabriele Fischer, Angela Schmidt und mir thematisieren die Veränderungen der Arbeitsbedingungen, die sich aus der zunehmenden Prägung der Arbeitskultur durch das Leitbild des unternehmerischen Individualismus ergeben.

Wolfgang Ullrich, Ulrich Bröckling und Ulf Wuggenig zeichnen in ihren Beiträgen nach, wie bestimmte Spielarten des Individualismus, die von der Kunst und den revolutionären Bewegungen der Moderne als Form der Gesellschaftskritik entwickelt wurden, im ökonomischen Diskurs der Gegenwart zur Norm werden.

Andrea Komlosy betrachtet die beschriebenen Prozesse im globalen Kontext und kommentiert ihre Auswirkungen auf die Regionen der Welt, die von der Dynamisierung der Arbeitskultur in den Wirtschafts-Metropolen ausgeschlossen bleiben.

***

Im einzelnen behandeln die Texte folgende Themen: Wolfgang Ullrich diskutiert in seinem Beitrag „Was will die Wirtschaft von der Kunst?" die Vorstellung, dass die Implementierung von Kunst in wirtschaftliche Unternehmen deren Produktivität steigern könne. Eine Ansicht, die zahlreiche Firmen und Banken vertreten, wenn sie öffentlich begründen, warum sie Kunst sammeln. Als Ausgangspunkt für diese Annahme einer wesenhaften Kompatibilität von Kunst und Wirtschaft beschreibt Ullrich den pauschalen Glauben an die radikale Innovationskraft moderner Kunst. Der Umstand, dass die Kunst im Wirtschaftskontext so die fragwürdige Funktion eines Platzhalters für das Versprechen von Modernität erhält, schließt, Ullrich zufolge, aber nicht aus, dass KünstlerInnen von dem Interesse der Wirtschaft profitieren können, indem sie die Position, die ihnen zugewiesen wird, nach eigener Maßgabe ausbauen. Die Transfers zwischen Kunst und Wirtschaft kämen somit einem symbolischen Tausch zwischen ungleichen Partnern gleich.

In seinem Beitrag „Der anarchistische Manager. Figurationen
radikaler Bürokratiekritik" vergleicht Ulrich Bröckling die
Rhetorik des neoliberalen Management-Beraters Tom Peters mit
Texten anarchistischer Theoretiker aus dem 19. Jahrhundert und
den 70ern Jahren. Zu den Parallelen, die Ullrich herausarbeitet,
gehören die Aufforderung zur Zerstörung bürokratischer Ver-
waltungsstrukturen und das Beschwören von Chaos als Voraussetzung schöpferischer Produktivität. Wie kontrolliert man
Menschen mit solchen Freiheitsversprechen? Bröckling schlägt
zwei Antworten vor: Anarchistische und neoliberale Organisationsformen gleichen sich in dem Punkt, dass die Autorität cha-
rismatischer Führungspersönlichkeiten zu einem wichtigen
Faktor bei der Etablierung informeller Hierarchien in vermeintlich hierarchiefreien sozialen Räume wird. Die Macht des abge-
schafften Verwaltungsapparats bündelt sich in der Aura einer
Person. Zudem tritt in der Kultur der unternehmerischen Individualisten ein verinnerlichtes System der Selbst-Kontrolle an die
Stelle sichtbarer äußerlicher Kontrollmechanismen. Ständiger
Konkurrenz- und Evaluationsdruck forcieren die Verinnerli-
chung eines Zwangs zur Unangepasstheit: „Seien Sie besonders,
oder Sie werden ausgesondert." formuliert in diesem Sinne Tom
Peters. Auf diese Weise, argumentiert Bröckling, wird „die Subversion der Ordnung Teil ihrer Optimierung".

Ulf Wuggenig beschreibt schließlich das Zusammenwirken
künstlerischer und ökonomischer Tendenzen in einer globalen
Perspektive. In seinem Beitrag „Die Kunst auf dem Weg in die
blaue Ökonomie" unterscheidet er (unter Berufung auf Johan
Galtung) zwischen verschiedenen ‚Kulturen' der Ökonomie,
das heißt, unterschiedlichen Formen der Integration des Marktes in den gesellschaftlichen Zusammenhang. Diese Unter-

scheidung veranschaulicht er mithilfe einer Farbskala: *Blau* sind Kulturen, die durch einen deregulierten Markt und individuellen Wettbewerb geprägt sind. (*Rot* ist eine planwirtschaftlich organisierte Kultur, *rosarot* ist eine soziale Marktwirtschaft, *gelb* eine staatlich gesteuerte Marktwirtschaft wie zum Beispiel China; *grün* eine an ökologischen Kriterien der Nachhaltigkeit orientierte Wirtschaftskultur). Ausgehend von dem Befund, dass die blaue Ökonomie weltweit alle Alternativen verdrängt, analysiert Wuggenig die Entwicklungen im internationalen Kunstgeschehen, die mit diesem ökonomischen Prozess einhergehen: KünstlerInnen, deren Arbeiten weltweit am höchsten gehandelt werden, stammen aus Gesellschaften der blauen Ökonomie oder arbeiten in deren Metropolen, selbst wenn sie anderer Herkunft sind. Zudem forciert der Vormarsch der blauen Ökonomie die Durchdringung von Wirtschaft und kultureller Öffentlichkeit. Zum Ausdruck kommt dies in der „Parallelisierung von Unternehmer- und Künstlerrolle" und in der wachsenden Abhängigkeit der kulturellen Öffentlichkeit von korporativen Sponsoring. Obwohl das kulturelle Engagement der Wirtschaft in der ersten Hälfte der 90er weitgehend akzeptierte Standards setzte, verweist Wuggenig zum Ende auf die zunehmende Herausbildung eines kritischen Bewusstseins im Bereich der Kunst gegenüber den ungebremsten Ökonomisierungs-Tendenzen.

Die folgenden Texte thematisieren die Veränderungen der Arbeitskultur im Rahmen der New Economy: In seinem Beitrag „Das Dispositiv der New Economy und seine nachhaltigen Auswirkungen auf die Gesellschaftsstruktur" resümiert Alexander Meschnig die Thesen des von ihm gemeinsam mit Mathias Stuhr verfassten Buchs www.revolution.de – Die Kultur der New Economy (Hamburg 2001). Meschnig beschreibt die New Economy rückwirkend als eine Art ‚Wunschökonomie': Von ihr ging deshalb ein so großes Versprechen aus, weil sie in der medialen Öffentlichkeit zur Projektionsfläche von sich wechselseitig verstärkenden Wunschvorstellungen wurde. Für die einen verbanden sich hier die Faktoren Jugend, Technik und Leistung zum Gesamtbild einer dynamischen Generation, die das reformmüde Deutschland ökonomisch zu neuem Leben erwecken würde. Für die anderen schien der Lebensstil der neuen Arbeitskultur die bis dato ungekannte Möglichkeit zu eröffnen, zugleich alternativ zu leben und (trotzdem noch) Karriere zu machen. Die nachhaltige Auswirkung der kurzlebigen New Economy auf die Gesellschaftstruktur sieht Meschnig in ihrer Funktion als Laboratorium zur Erprobung und Einführung neuer Arbeitsformen. Das neue Unternehmertum mag etwas von seinem Glanz verloren haben. Was jedoch bleibt, sind Arbeitsstrukturen, in denen wie selbstverständlich der Einsatz aller persönlichen Energien gefordert wird.

Gabriele Fischer kommt in ihrem (als Vortragstext konzipierten) Beitrag „Die Rückkehr der New Economy" zu einer vergleichbaren Diagnose, deutet sie jedoch anders. Auch sie geht davon aus, dass nach dem Ende des Hypes um die New Economy dennoch die Arbeitsformen bestehen bleiben, zu deren Einführung sie beigetragen hat. Diese Tatsache wertet Fischer positiv. Sie betont, dass unternehmerischen Initiativen von kreativen Individualisten, die sich im Bereich der Informations- und Kommunikationstechnologien zusammenschließen, um kleine funktionierende Arbeitsstrukturen zu begründen, weiterhin die Zukunft gehört – da diese Arbeitsstrukturen den Rahmenbedingungen der Wissensgesellschaft entsprechen. Und die hat gerade erst begonnen, sich zu entfalten. Fischer zufolge kommt es also darauf an, überzogene Erwartungen zu korrigieren, und den neuen unternehmerischen Initiativen die Zeit zu geben, in angemessenem Tempo zu wachsen.

In meinem Beitrag „Unternehmer unserer selbst" diskutiere ich einen bestimmten Aspekt, der die Arbeitsverhältnisse der unternehmerischen Individualisten prekär macht: Wenn die Arbeit zum Lebensstil wird, verunklärt dies die Standards der Entlohnung. Insbesondere im Medien- und Kulturbereich wird Arbeit oft eher durch symbolische Anerkennung als durch Geld honoriert. Der Lohn der Arbeit ist die Teilhabe an einer attraktiven Arbeitskultur. Attraktiv wird diese Kultur jedoch erst durch den unentgeltlichen Einsatz derjenigen, die an ihr teilhaben. Je mehr die Arbeit als Lebensstil zum Fetisch wird, umso mehr schwindet der Anspruch auf angemessene Bezahlung. Die engagierte Arbeit entwertet sich progressiv selbst. Wer für wenig Geld viel arbeitet, tut dies meist in der Hoffnung, die Investition könne sich in Zukunft auszahlen. Die Generation der kreativen Selbst-Verwerter lebt so in Erwartung einer zukünftigen Entlohnung, für die niemand bürgt.

Angela Schmidt erweitert die Diskussion um die Kultur des neuen Unternehmertums, indem sie die Übertragung der individualisierten Arbeitsnormen auf klassische Angestellten-Arbeitsverhältnisse untersucht. Sie stützt ihre Studie „'Mich regiert blanke Angst': Die Realität extremer Gefühle in neuen Formen der Arbeitsorganisation" auf eine Befragung von MitarbeiterInnen von IBM. Das Management überträgt hier den Angestellten mehr Eigenverantwortung, um durch die Förderung unternehmerischen Denkens die Produktivität zu steigern. Diese Verpflichtung zur Eigeninitiative und individuellen Leistungssteigerung erzeugt im Arbeitsalltag der Angestellten extreme Gefühle von Euphorie und Stress. Gefühle also, die bisher nur aus dem Berufsalltag von Unternehmern, Freiberuflern und Managern bekannt sind. Dass die ArbeitnehmerInnen diese emotionale Belastung jedoch nicht als *strukturell* sondern als rein *persönlich* begründet wahrnehmen, verhindert, dass sie sich solidarisieren und ihre Probleme als allgemeinen Missstand kritisieren. Auch die Gewerkschaft wird hier nicht als Interessenvertreter sondern eher als Widersacher angesehen, versucht sie doch scheinbar den ArbeitnehmerInnen die unternehmerische Freiheit zu verwehren, sich individuell zu überarbeiten. Schmidt betont, dass der entscheidende Schritt zur Schaffung von Solidarität in der Erzeugung eines kritischen Bewusstseins von der strukturellen Ursache der vermeintlich persönlichen Krisenerfahrung besteht.

Zum Schluss öffnet Andrea Komlosy den Focus. Sie beschreibt in ihrem Beitrag „Global Village als optische Täuschung" die weltweiten geopolitischen Folgen der aktuellen ökonomisch-kulturellen Entwicklungen. Sie weist darauf hin, dass sich diese Veränderungsprozesse mitnichten gleichmäßig auf alle Länder und Regionen der Welt auswirken. Die gewachsene Bedeutung eben der Kultur von unternehmerischen Dienstleistungen und Informationstechnologien, die die Textbeiträge dieses Bandes thematisieren, schafft eine Konzentration der wirtschaftlichen Macht in den ‚Global Cities'. Die Kehrseite dieser Zusammenballung von Macht in den Metropolen findet sich in der Auslagerung der industriellen Produktion in Schwellenländer. Das Freiheitsversprechen einer globalen Kommunikationskultur wird nur einseitig eingelöst: Waren zirkulieren frei. Die ArbeiterInnen, die diese Waren herstellen, hindert dagegen ein neues System von

Immigrationsbeschränkungen und eisernen Vorhängen daran, ebenso frei aus den wirtschaftlichen Schwellen- in die Kernländer zu migrieren (wie etwa an der Mexikanisch-Amerikanischen Binnen- oder der Europäischen Außengrenze). Problematisch ist auch die Situation von strukturschwachen Regionen, die weder für die urbane Informations-Ökonomie noch für eine dezentralisierte industrielle Produktion als Standort in Frage kommen. Diese Regionen werden zu blinden Flecken, zu territorialem Ausschuss. Während andere Beiträge des Bandes also die internen Probleme der Kultur der unternehmerischen Selbst-Verwerter behandeln, lenkt Komlosys Beitrag den Blick auf die Außenwirkungen (die ‚Externalitäten') der Ausweitung dieser Kultur. Parallel zu den Spannungen im Zentrum entstehen weltweit in den Peripherien neue Krisenherde. Komlosy antwortet auf diesen Befund mit einem Plädoyer für eine Politik der ‚Subsidiarität', das heißt, für den Versuch, ökonomische Probleme unter Berücksichtigung lokaler Besonderheiten zu durchdenken, in diesem Sinne also eine Politik ‚von unten' zu machen und kleine lebensfähige Strukturen zu begründen.

* * *

D ieses Buch ist der Ertrag des Symposiums ‚Wechselwirkungen', das begleitend zu der Ausstellung ‚Exchange and Transform (Arbeitstitel)' im Sommer 2002 im Kunstverein München stattfand. Ich danke den AutorInnen für ihre Beiträge zu Symposium und Buch, Michael Volk und Shakuntala Banerjee für das Engagement und die Geduld bei der Umsetzung dieser Publikation, sowie Michael Thomas für die Gestaltung des Covers. Mein besonderer Dank geht an Maria Lind und Søren

Grammel, die im Kunstverein München die intellektuellen, organisatorischen und finanziellen Rahmenbedingungen für die Realisierung des Symposiums geschaffen haben.

Endnoten

1 Theodor W. Adorno: Minima Moralia, Suhrkamp, FaM 1994, Aphorismus 84, S.169.
2 David Brooks: Bobos in Paradise 2000 (Schuster & Schuster, New York), dt.: Die Bobos – Der Lebensstil der neuen Elite. (Econ, München 2001)
3 Ebend., S.49.
4 Ebend., S.58.
5 Toni Negri, Maurizio Lazzarato, Paolo Virno: Umherschweifende Produzenten, IDVerlag, Berlin 1998.
6 Dirk Kurbjuweit: Unser effizientes Leben, Rowohlt, Hamburg 2003, S.48.
7 Ebend., S.14.
8 In: Etienne Balibar + Immanuel Wallerstein: Rasse, Klasse, Nation – Ambivalente Identitäten, Argument Verlag, Hamburg 1998, S.12.

x Zu Texten, die auf überzeugende Weise zwischen Freiheiten und Zwängen einer auf unternehmerische Selbst-Verwertung im Kunstbereich begründeten Existenz, zählen für meine Begriffe Hans-Christian Danys „Invasion der Grillenzüchter" in: springerin, 3/98, Wien 1998 (sowie in Derselbe: Auf dem Weg zu einem Umweg, Salon Verlag, Köln, 2001, S. 147-152) und Stefan Römes „Natürlich wollen wir alle reich, schön und berühmt sein." In: springerin, 3/98, Wien 1998, S. 44-47. Aufschlussreich ist auch die aus Interviews mit Akteuren aus dem Kunstfeld zum Thema Selbst-Verwertung komponierte Videocollage „Name Game" von Ingo Vetter und Anette Weisser (halle für kunst Lüneburg und Forum Stadtpark Graz 2002).

„Mich regiert blanke Angst": Die Realität extremer Gefühle in neuen Formen der Arbeitsorganisation

Angela Schmidt

Intensive Ängste, die mich bis in den Schlaf verfolgen und gar nicht mehr loslassen; ein quälendes schlechtes Gewissen, das stärker wird, wenn ich ihm nachgebe; manchmal auch ausgesprochene Hochgefühle, eine Art 'Arbeitsekstase': Extreme Gefühle ergreifen Beschäftigte in den neuen Formen der Arbeitsorganisation[1]. Illustriert wird das in Texten Beschäftigter, die bei Aktionen des Betriebsrates der IBM Düsseldorf und bei Seminaren mit Betriebsräten und Beschäftigten in Bremen und Ohlstadt entstanden sind. Sie belegen außerordentliche psychomentale Belastungen; ab und an klingt jedoch auch durch, welchen Spaß die Arbeit macht[2]. Hier einige Zitate:

> „Ich habe noch mehr Überstunden gemacht und konnte trotzdem abends nicht zufrieden nach Hause gehen. Irgend etwas Wichtiges blieb immer liegen.[...] Die Situation gipfelte Mitte des Jahres in einem Nervenzusammenbruch."

> „Die Situation ist nun beinahe unerträglich geworden. Eine grundsätzliche Entlastung ist jedoch nicht in Sicht. Im Gegenteil

steigt der Druck noch dadurch, dass ich inzwischen (notgedrungen) so viele Dinge vernachlässigt habe, dass ich nun Angst haben muss, die Kontrolle über meine Projekte zu verlieren: Mich regiert blanke Angst. „

„Ich wache nachts auf und klebe mir schweißgebadet kleine gelbe Haftzettel an die Stirn, immer noch getreu meinem Glauben an Zeitmanagement ('was einmal auf der To-Do-Liste steht, kann man für den Augenblick aus dem Arbeitsspeicher streichen'.)"

„Mein Chef begegnet mir. Beiläufig schaut er auf die Uhr. Schon habe ich ein schlechtes Gewissen. Gehe ich zu früh? Ich bin doch schon 9 Stunden hier. Unangenehme Situation."

„Es ist Freitag abend 20:48, ich bin auch gestresst, aber fühle mich gut, weil ich etwas geschafft habe nach einem 13-stündigen Arbeitstag. [...] wenn es Spaß macht, dann gibt es keinen Stress, dann spielt auch die Zeit keine Rolle."

„Mal sehen, wann ich dann die Zeit dafür [A.S.: Urlaub] finde, es passt gerade nicht

*wegen der Arbeit, und außerdem möchte ich
erst meinen Tinnitus wieder loswerden. "*

Diese Zitate sind bemerkenswert: Da lassen sich Menschen stressen bis zum Nervenzusammenbruch, es regiert sie „blanke Angst". Andere pappen sich mitten in der Nacht Haftzettel an die Stirn - aus Sorge Wichtiges zu vergessen. Warum überkommt jemanden, der gerade Überstunden macht, ein schlechtes Gewissen, nur weil der Chef eben mal auf die Uhr schaut? Kann es wirklich sein, dass 13 Stunden Arbeit kein Stress sind? Ab wann wird es dann Stress? Und wenn sich ein Beschäftigter nicht einmal durch ein Tinnitus-Leiden überzeugen lässt, dass er alles Recht auf Urlaub hat, wie denn dann?

Von außen betrachtet, von Unbeteiligten gelesen, erscheinen diese Berichte extrem, ja manchmal pathologisch - als wären die Menschen irgendwie defizitär. Außenstehende, die von diesen Erfahrungen hören oder die IBM-Beispieltexte lesen, reagieren oft mit vollkommenem Unverständnis. Sie verstehen die Beiträge als Protokolle bedauerlicher Einzelfälle. Manche halten die Leute für überfordert und empfehlen, sie sollten mit ihren Vorgesetzten sprechen und sich anders einstufen lassen. Wieder andere diagnostizieren Neurosen und raten zu therapeutischer Hilfe.

Wohlmeinendere Beobachter entlasten die Mitarbeiter und sehen die Schuld eher bei den Managern; sie stellen fest, die Führungskräfte seien psychologisch nicht gut genug geschult. Ihnen fehle die „Emotionale Intelligenz". Und manchmal wird immerhin zugegeben, dass solche 'Exzesse' unter neuen Managementformen zunehmen; dann heißt es jedoch: „Das sind letztlich unerwünschte Nebeneffekte, die man vermeiden kann, wenn man es nur richtig macht. Die neuen Konzepte sind noch zu wenig begriffen und werden stümperhaft umgesetzt." Diese Erklärung dürfte insbesondere bei Unternehmensberatern verbreitet sein, die mit dem Verkauf eben dieser Konzepte Geld verdienen.

Zumeist wissen die Beschäftigten selbst nicht, wie und was ihnen da geschieht, und sie zweifeln am eigenen Verstand - wie das folgende Zitat aus einem Beispieltext belegt:

> *„Was geht mit mir vor und warum wehre ich mich nicht? [...] Bin ich ein Workaholic geworden? [...] Sind wir etwa von Außerirdischen infiziert? Sind wir Roboter geworden? Androiden? [...] Haben wir ähnliche Symptome? Sind wir krank? Sind wir schizophren?"*

Diese Selbstzweifel und diese Verunsicherung sind quälend. Doch zu schließen, die betroffenen Mitarbeiter seien deswegen im klinischen Sinne schizophren oder anderweitig psychisch defekt, wäre ein Irrtum. Auch die anderen oben genannten Interpretationen treffen für viele Unternehmen und ganze Branchen nicht den Kern. Einiges deutet darauf hin, dass die Dinge komplizierter sind:

• Es kann sich nicht um Einzelfälle handeln, wenn sich die Hinweise häufen, dass die emotionalen Extreme ein massenhaft verbreitetes Phänomen sind. Das legen die Erfahrungen bei IBM nahe, aber auch die Reaktionen von Beschäftigten aus anderen Betrieben und Industriebereichen. So riefen BMW-Kollegen bei einem Seminar über die IBM-Texte spontan aus: „Das hätte ja einer bei uns schreiben können." Dass nun gerade bei IBM oder bei BMW besonders viele psychisch labile Mitarbeiter beschäftigt sein sollten, erscheint ziemlich absurd. Wenn die zitierten Beispiele aber keine Einzelfälle sind, dann lassen sich die Probleme wohl auch kaum auf individuelle Pathologien zurückführen.

• Dass die Beschäftigten überfordert sind, mag durchaus richtig sein. Doch woran misst sich diese 'Überforderung'? Wenn Maßlosigkeit System hat, helfen weder Neueinstufungen noch zusätzliche Qualifikation: Um mit den Begehrlichkeiten der Shareholder, der Kunden und den Anforderungen des Konkurrenzkampfes Schritt zu halten, kann man nie gut genug sein.

• Sollten die Belastungen durch psychologisch zu wenig geschultes, unfähiges Führungspersonal verursacht sein, müssten die Leistungen der betroffenen Einheiten nachlassen. Aber das Gegenteil scheint der Fall zu sein! Gerade der angebliche Mangel an emotionaler Intelligenz der Manager führt zum Beispiel in der IBM zu Spitzenleistungen bei den Beschäftigten. Und eben deswegen sind die extremen Gefühle wohl kaum ein unbeabsichtigter Nebeneffekt.

In ihren Texten erkennen die Beschäftigten glasklar, dass emotionale Überbeanspruchung und gute Leistung kein Widerspruch sind:

> *„Zusätzlich [...] sehe ich den Druck, Umsatz zu machen, in einer Zeit, in der dies extrem schwierig ist. Speziell in einigen Bereichen [...] sind die Zahlen ziemlich mies und jeder fühlt sich (aufgrund der*

Quote oder aus persönlichem Einsatz) dazu gedrängt ALLES MENSCHENMÖGLICHE zu tun, um Umsatz zu machen."

„Seit Ende der 80er Jahre stimmte dieses Verhältnis [A.S.: von Arbeitsdruck und Zufriedenheit] nicht mehr und die Angst ging um. Ab hier begann eine schleichende Ohnmacht gegen die ständige Erhöhung der Workload. Das Gefühl von Wut und Angst schuf eine eigene Art von Arbeitssteigerung. Ich machte Überstunden."

„Einige entwickeln geradezu einen Stolz darauf, dass sie bis an/über die Grenzen der Gesundheitsschädigung arbeiten. So wird im Laufe der Zeit ein Arbeitslevel erreicht, das jeden, der nach vernünftigem Maß zu arbeiten versucht, zum Außenseiter und Versager stempelt."

Wenn sich jeder dazu gedrängt fühlt, alles Menschenmögliche zu tun, wenn Wut und Angst zur Arbeitssteigerung führen, wenn Stolz wichtige Motivation für maßloses Arbeiten ist, dann spielen die Gefühle bei den Leistungssteigerungen im neuen System eine ganz zentrale Rolle. Tatsächlich deutet alles darauf hin, dass die extreme Beanspruchung der Gefühle in neuen Formen der Arbeitsorganisation nicht zufällig, kein unerwünschter Nebeneffekt, keine individuelle Pathologie ist. Sie ist vielmehr systematischer und beabsichtigter Effekt neuer betrieblicher

Herrschaftsformen, die die unternehmerische Verantwortung an die Beschäftigten weitergeben. Die Mitarbeiter werden zu 'Unternehmern im Unternehmen'. Die extremen Gefühlszustände sind dabei nichts Nebensächliches, Äußerliches, sondern sie sind ein wesentliches Mittel, um die Beschäftigten in ihrem unternehmerischen Tun anzutreiben. Die extreme emotionale Dynamik ist in gewissem Sinne das, worum es bei den neuen Formen geht; auf jeden Fall ist sie etwas, ohne das es nicht geht.

Die intensiven Gefühlszustände sind an sich ein erklärungsbedürftiges Phänomen. Ebenfalls ergründet werden muss, warum Beobachter – darunter sind sogar Fachleute wie Psychologen, Mediziner, Sozialwissenschaftler, Unternehmensberater – die Situation der Beschäftigten häufig so wenig verstehen. Es gilt zu erfassen, warum sie stattdessen deren psychische Gesundheit oder ihre Professionalität in Frage stellen, sie damit ein zweites Mal unter Druck setzen, ganz unnötig belasten und sie auch nicht wirklich Ernst nehmen.

Offensichtlich erfahren die Beschäftigten in der Situation etwas am eigenen Leibe, was von außen kaum wahrnehmbar ist: Ihr Erleben und ihre Gefühle erscheinen für andere nicht in der Realität begründet. Deswegen wohl wirken ihre Reaktionen unangemessen und sie selbst werden als psychisch abnormal angesehen. Das ist kein Zufall, sondern ein Wesenszug der neuen Arbeitsorganisation: Von außen ist gar nicht so richtig zu verstehen, warum sie die Menschen so belastet und warum sie sie so verstrickt, dass sich kaum einer entziehen kann. Was die Beschäftigten bewegt, scheint vollkommen irreal und flüchtig - zumindest, wenn man es mit den Begriffen der alten Arbeitsorganisation, des *Command and Control*, zu verstehen versucht.

Welche Folgen die neue Arbeitsorganisation für mich hat

Mit der neuen Arbeitsorganisation wird das „Command and Control" genannte System, das auf Weisungen und Strafandrohungen basierte, durch eine neue Art der Steuerung abgelöst: Den Beschäftigten wird unternehmerische Verantwortung übertragen. Sie müssen selbstständig unternehmerisch denken und agieren. Gesteuert werden sie dabei durch indirekte Maßnahmen: Da werden z. B. unternehmensinterne Konkurrenzverhältnisse erzeugt; Einheiten werden so aufgebaut, dass man sie intern und extern *benchmarken* kann und bei negativem Ergebnis auch ersetzen; gezieltes Investment oder Des-Investment fördert oder hemmt Bereiche; die Existenz von Einheiten wird an hohe Gewinnvorgaben gekoppelt. Es geht dabei darum, die Naturwüchsigkeit des Gesamtsystems, das, was man abstrahierend „Markt" nennt, in die Unternehmen zu bringen und dadurch die betriebliche Planwirtschaft zu ersetzen. Dies alles ist so konzipiert, dass die Mitarbeiter maximal unter Druck geraten.[3] Dieses neue System hat für mein Verhältnis zu mir selbst und zu meiner Arbeit und für die Wirksamkeit der gesetzlichen und tariflichen Schutzbestimmungen schwerwiegende Konsequenzen:

- *Ich kann nicht mehr genügen:* Gute fachliche Arbeit reicht nicht mehr aus. Erst der Markterfolg meines Produktes entscheidet über meinen Erfolg und damit über meine Zukunft. Und der Markterfolg ergibt sich aus der Konkurrenzsituation. Er ist ein relativer Erfolg – stets muss ich billiger, schneller und besser als die anderen sein. Und diese wiederum müssen mich übertrumpfen. Das ist die Grundlage für einen maßlosen Prozess.

Maßlos sind ebenso die Forderungen der Investoren und Shareholder: Wenn dieses Jahr 15 Prozent Gewinn erwirtschaftet wird, warum dann nicht nächstes Jahr 16 oder 17 und in zwei Jahren 20 Prozent. Diese Maßlosigkeit der Prozesse macht vielen Menschen ein schlechtes Gewissen und Angst.

- *Ich werde zur 'Selbst GmbH':* Wenn meiner Einheit ständig das Des-Investment droht, wenn alle internen Verhältnisse marktförmig gestaltet werden, wenn ich mit anderen um Ressourcen konkurrieren muss, dann muss ich mich ständig fit halten und neu positionieren. Ich muss agieren wie ein kleines Unternehmen. Ich konkurriere dann mit anderen meiner Einheit um Projekte, um professionelles Ansehen, um die Teilnahme am Informationsfluss. Ich muss mich selbst vermarkten. Ein Misserfolg führt zum Verlust meines Marktwertes. Die 'Selbst GmbH' muss sorgsam darauf achten geschäftsfähig zu bleiben. Auch das setzt viele unter enormen Druck.

- *Ich sehe mich selbst als 'Ressource Ich':* Die ersten beiden Punkte bezogen sich stark auf mein Verhältnis zu anderen, mit denen ich in Konkurrenz stehe. Dieser Punkt nun berührt primär mein Verhältnis zu mir selbst. Wenn ich unternehmerische Funktionen übernehme und mich als 'Selbst GmbH' vermarkte, beginne ich mich selbst als Ressource zu managen. Ich sehe mein eigenes Tun zunehmend unter Kosten-Nutzen-Aspekten; äußere Kriterien bestimmen meinen Blick auf mich selbst: Alle kleinen Unzulänglichkeiten, Unpässlichkeiten, persönlichen Ansprüche erscheinen mir plötzlich nur noch als Reibungsverluste, die meinen Erfolg gefährden. Plötzlich ist ineffizient, was mich menschlich macht.

- *Sachliche Verstrickungen bestimmen mein Tun:* Es sind nicht mehr Vorgesetzte, es sind nicht mehr allgemeine

33

Weisungen und Regelungen, die mein Tun lenken, sondern es ist die Sachlogik der Prozesse. Ich betrachte die Sachlage, ich weiß, was unternehmerisch nötig ist, und die geforderte Vorgehensweise ergibt sich wie von selbst: Das Projekt kann eben nur akquiriert werden, wenn das Angebot günstig ist; das Produkt wird sich nur am Markt durchsetzen, wenn der Leistungsumfang über dem der Konkurrenz liegt; wenn der Termin nicht eingehalten wird – koste es, was es wolle, – gibt es den Folgeauftrag nicht; und wenn nicht genügend Aufträge rein kommen, wird der Umsatz nicht erreicht. Auf einmal kann ich mich nicht mehr entziehen: Abgrenzen kann ich mich gegen Personen, aber nicht gegen Konsequenzen, die in der Sache liegen und aus meinen Handlungen oder Versäumnissen wie von selbst resultieren.

- *Regelungen zu meinem Schutz helfen mir nicht mehr, wie sie es einmal taten:* Arbeitszeitgesetze, tarifliche Regelungen, Schutzbestimmungen sind natürlich weiter gültig, aber sie sind im Neuen seltsam belanglos. Da die Beschäftigten als unternehmerisch Tätige ihre Arbeit selbst organisieren und einteilen, wird auch die Beachtung der Regelungen in ihre Hand gelegt. Gleichzeitig sind Ergebnisse gefordert, die diesen Regelungen zuwiderlaufen: Nicht aus willkürlicher Grausamkeit, sondern mit dem Verweis auf die faktische und praktische Realität. Und da nun niemand die Mehrarbeit anordnet oder das Unterlaufen der Bestimmungen, sie quasi von selbst geleistet werden, sind sie auch das Problem des Beschäftigten. Schließlich erscheinen die Regelungen, die doch zum Schutz der Beschäftigten gedacht waren, wie Hindernisse auf dem Weg zum unternehmerischen Erfolg.

- *Ich kann wirklich wachsen:* So paradox es nun klingen mag, die neue unternehmerische Verantwortung bringt auch

34

neue Freiheiten und ermöglicht mir ein wirkliches persönliches Wachstum: Ich werde nicht ständig extern überwacht; ich kann kommen und gehen, wann ich will; ich kann arbeiten, wie ich will; ich kann meine Umwelt selbstständig analysieren, interpretieren und selbstständig handeln; ich muss mich nicht ständig bevormunden lassen: Was zählt, sind nicht mein Rang, meine Betriebszugehörigkeit oder mein Alter, sondern die Ergebnisse. Dieser echte Freiheitsgewinn und das persönliche Wachstum spielen eine wichtige Rolle beim Gefühl des *High*, das einige spüren. Das Erleben der Selbstständigkeit, das Gefühl selbst Dinge zu tun, die früher Managern vorbehalten waren, führt trotz größerem Druck oft zu höherer Zufriedenheit und manchmal zu echten Hochgefühlen.

Mein notwendiges Ungenügen, meine Perspektive auf mich als 'Selbst GmbH' und als 'Ressource Ich', die sachlichen Verstrickungen, sogar die neue Freiheit setzen mich unter extremen Druck. Dieser Druck zeigt sich dann in den extremen Gefühlen. Das sind nun aber nicht getrennte Geschehnisse, die in zeitlicher Sequenz – säuberlich eins nach dem anderen – folgen: Zuerst wird die neue Herrschaftsform installiert; sie führt dazu, dass ich mich auf bestimmte Weise sehe und mit den sachlichen Gegebenheiten ins Verhältnis setze; dadurch dann der Druck; nun erst die resultierenden Gefühle. In einem gewissen Sinn ist es gerade andersherum: Ich fühle Angst, schlechtes Gewissen, Begeisterung – genau in diesem Fühlen liegt der Druck möglichst gut, effizient, konkurrenzfähig zu werden. Er veranlasst mich zu handeln und mit anderen in Konkurrenz zu treten. Ich erzeuge dann wiederum das, was meine Gefühle erzeugt. Der ganze Mechanismus ist ein geradezu unentwirrbares Ineinander von Fühlen, Denken und Handeln. Meine Gefühle motivieren mein Denken und begründen mein Handeln. Mein Handeln und das Handeln aller anderer, die denselben Gefühlen ausgesetzt sind, bringt wiederum die extremen Gefühle hervor. Das ist zirkulär und hat eine Tendenz zur Selbstverstärkung. Die Vorstellung, man könne Mitarbeiter mit neuen Prinzipien steuern und zu Höchstleistungen bringen, aber die emotionalen Exzesse dabei vermeiden, ist also vollkommen irrig.

Diese Mechanismen sind von außen schwer zu erkennen und zu verstehen. Das liegt wiederum in der neuen Herrschaftsform begründet. Insbesondere drei Wesenheiten des Neuen machen es so schwer erfassbar:

• *Seine Alltäglichkeit:* Das Neue wird ja nicht als spektakuläre Grausamkeit implementiert. Es ist nicht so, dass plötzlich ein Manager kommt und sagt: Ihr sollt ab sofort alle bis zur Erschöpfung arbeiten, sollt keine freien Wochenenden mehr haben, sollt alle Maßnahmen des Gesundheitsschutzes missachten, sonst schmeißen wir Euch alle raus. Die sichtbaren Strukturen und offiziellen Regelungen ändern sich oft gar nicht wesentlich. Was wirklich wichtig ist, vollzieht sich in der tagtäglichen Konfrontation der Beschäftigten mit den faktischen und praktischen Problemen ihres neuen Unternehmertums, in der sachlichen Verstrickung; es geschieht fast unsichtbar im Denken und in jeder kleinen Entscheidung und Handlung der Beschäftigten: Jetzt eben doch noch die Unterlagen fertig zu stellen; am Abend doch noch schnell zum Kunden zu fahren; das Angebot doch noch mal zu überarbeiten und ein paar Prozent billiger zu machen; den neuen Software-Release nachts noch einmal durchzutesten, ehe ich ihn freigebe. Es sind solche an sich unspektakulären Alltäglichkeiten, die sich summieren.

• *Seine Legitimität:* Jedes der Momente des neuen Unternehmertums erscheint vollkommen legitim. Ist es denn nicht vollkommen legitim zu fordern, dass die Beschäftigten ihre Zeit möglichst effizient einsetzen? Dass sie Kosten senken und die Qualität steigern? Dass sie selbst die Verantwortung für ihr Tun übernehmen? Dass sie sich selbst um ihren Marktwert und ihre berufliche Zukunft kümmern? Dass es unternehmerische Konsequenzen hat, wenn ihre Einheit nicht die verlangten Ergebnisse bringt? Dass sie keine Ressourcen, auch nicht ihre eigenen Kräfte, unnütz vergeuden? Sind Unternehmen oder öffentliche Betriebe und Verwaltungen etwa karitative Veranstaltungen? Haben die Kunden kein Anrecht auf Effizienz und ein gutes Preis-Leistungs-Verhältnis, die Investoren auf Gewinne? Die Welt ist, wie sie ist, und die Beschäftigten müssen sich dem stellen. Was ist daran illegitim? Wer wollte da von Willkür und Grausamkeit sprechen? Diese scheinbare Legitimität liegt in der Naturwüchsigkeit der Prozesse begründet: Wenn ich akzeptiere, dass die Welt ist, wie sie ist, ergibt sich alles weitere notwendig.

• *Seine individuelle Wirksamkeit:* Das Wesentliche am Neuen ist gerade, dass es keine allgemeinen Regeln und Weisungen mehr gibt. Die Beschäftigten sehen sich vor unternehmerische Probleme gestellt, und jeder ist gefordert, seine besonderen Fähigkeiten und individuellen Stärken einzusetzen. Damit kommen aber auch die individuellen Schwächen zum Tragen. Stärken und Schwächen sind zwei Seiten einer Medaille. Sich in Kunden einfühlen zu können, ist ein großer Vorteil für einen Dienstleister und nützt dem Unternehmen; sich nicht mehr gegen die Ansprüche der Kunden abgrenzen zu können, erscheint aber als persönliche Schwäche. Sehr flexibel zu sein und keine starren Vorgaben zu brauchen, ist sehr von Nutzen, wenn sich die unternehmerischen Gegebenheiten schnell ändern; wenn derselbe Mitarbeiter gar nicht mehr zur Ruhe kommt und alle Fixpunkte verliert, ist das sein persönliches Problem: Er ist halt eine hysterische Persönlichkeit. Plötzlich sieht es aus, als litten die Beschäftigten unter individuellen Schwierigkeiten, ja Pathologien. Das Allgemeine am neuen System verschwindet aus dem Blick. Auch die individuelle Wirkungsweise ist ein Effekt der Naturwüchsigkeit der Prozesse: Jeder definiert selbst den eigenen Fähigkeiten und der Aufgabe entsprechend seinen persönlichen Beitrag.

Diese drei Punkte – die Alltäglichkeit, die scheinbare Legitimität, die individuelle Wirkungsweise erklären nicht nur die Unsichtbarkeit der realen Grundlagen der extremen Gefühle, sie sind auch der Grund dafür, dass sich die Beschäftigten so schwer entziehen können.

Gegenmacht entwickeln

Tag für Tag und ganz individuell sind es die Beschäftigten selbst, die die neuen Formen der Arbeitsorganisation vollziehen. Wollen sie die geforderten – scheinbar so legitimen – Ergebnisse bringen, können sie gar nicht anders. Weil das neue System nicht auf den Weisungen anderer beruht, helfen die überkommenen Politikformen und Maßnahmen nicht mehr ausreichend. Waren sie doch darauf abgestimmt Beschäftigte vor anderen zu schützen. Im Neuen müsste man die Beschäftigten vor sich selbst schützen – doch das ist unmöglich. Man kann keinen anderen vor sich selbst schützen. Betriebsräte, die das versuchen, geraten in Konfrontation mit den Leuten, denen sie eigentlich Gutes tun wollen, nicht jedoch mit den Unternehmen.

Wo können Gewerkschaften, Betriebsräte und Beschäftigte selbst dann ansetzen? Voraussetzung ist ein Begreifen der neuen Formen und ihrer Auswirkungen. Die „Experten" müssen zusammen mit den Betroffenen versuchen, den neuen Mechanismen auf den Grund zu gehen. Ein Anfang ist gemacht, wenn Außenstehende ihr Unverständnis in der Diskussion mit den Beschäftigten thematisieren und problematisieren und wenn sie ihrer eigenen Betroffenheit durch die neuen Formen nachgehen. Können sie tatsächlich unberührt bleiben, wenn sich ihre Klientel in neue Mechanismen verstrickt?

Notwendig ist ein Innehalten. Die Dynamik der Prozesse muss unterbrochen werden. Funktionäre, Betriebsräte und Beschäftigte brauchen einen Raum, um sich bewusst mit dem Neuen auseinander zu setzen: Woher kommt der Druck? Was geschieht mit meinen Gefühlen? Wie legitim sind die Anforderungen wirklich, die mir das Letzte abverlangen? Bin ich nur Opfer oder bin ich auch Ursache der extremen Dynamik? Welche Redeweisen, Bilder, Verhaltensweisen verstärken den enormen Konkurrenzdruck und zwingen mich, mich ständig selbst zu vermarkten und mich marktschreierisch großzutun? Dieses Bewusstmachen des eigenen Denkens und Verhaltens braucht einen Raum, der nur gemeinsam und mit Hilfe des Betriebsrates und der Gewerkschaften geschaffen werden kann.

Schließlich geht es darum, das Wirken der neuen Managementformen in jeder kleinen Einzeltätigkeit und Entscheidung zu erkennen. Nur wenn ich verstehe, wann und wie ich selbst die Weichen so stelle, dass ich und die anderen unter Druck geraten, kann ich Alternativen entwickeln.

Die Aufgabe von Betriebsräten und Gewerkschaften ist es, den inneren Konflikt in den Mitarbeitern (ich bin zugleich abhängig Beschäftigter und unternehmerisch Tätiger) wieder in den öffentlichen Raum zu bringen. Sie müssen aufzeigen, wie die Unternehmen die Bedingungen herstellen, auf die die Mitarbeiter zu ihrem eigenen Schaden reagieren. Die Unternehmensseite muss unter Druck geraten, nicht der Beschäftigte.

Erfahrungen bei der IBM

Mit geeigneten Formen der Gegenmacht wird bei der IBM seit mehreren Jahren experimentiert. Wiederholte Aktionsmonate sollen Sprachlosigkeit und Vereinzelung durchbrechen und das Systematische an neuen betrieblichen Problemen aufzeigen. Mit dem bundesweiten „Monat der Besinnung" machte der IBM-Betriebsrat 1997 einen Anfang. Auf mehreren Diskussionsveranstaltungen ging es um die Funktionsweise und die Folgen der neuen Mechanismen. Fortgeführt wurde dies im November 1998 mit dem Slogan: „Meine Zeit ist mein Leben".

Ebenfalls 1997 begann der BR am Standort Düsseldorf anonymisierte Erfahrungsberichte der Beschäftigten als E-Mail an die Kollegen zu senden. Betroffene schilderten ihre Erlebnisse, berichteten vom Krankmachenden der Situation und versuchten selbst eine Analyse der verwirrenden betrieblichen Realität. Die Texte endeten mit Fragen an alle: „Kennen Sie diese Situation? Wie gehen Sie damit um? Wie helfen Sie sich? Welche Änderung der Rahmenbedingungen wäre hilfreich?" In (ebenfalls anonymisierten) Antwort-Noten diskutierten die Kollegen daraufhin die allgemeine Situation, brachten ihre persönlichen Erfahrungen ein und gaben Ratschläge. Bislang wurde nur etwa eine Handvoll Input-Texte zur E-Mail-Diskussion eingesetzt, an die 30 Diskussionsbeiträge liegen dazu vor. Das erscheint nicht spektakulär – und doch geschah damit etwas Unerhörtes: In einer Umgebung, die den Begriff „Problem" durch das Wort „Challenge" (Herausforderung) ersetzt hat, in der harte *Professionals* alles im Griff haben, wurde zum ersten Mal öffentlich über Schwierigkeiten, Ängste, Versagen diskutiert, ohne diese Erlebnisse zu pathologisieren und zu entwerten.[4]

Die Erfahrungsberichte und die E-Mail-Methode waren Gegenstand mehrerer Workshops, unter anderem bei der IG Metall München und der IG Metall Bremen. Die Berichte wurden – teils mehrfach – veröffentlicht[5].

Innehalten, die unbewusste Dynamik unterbrechen und Bewusstsein schaffen, die eigene Befindlichkeit ernst nehmen und ihre allgemeinen Aspekte erkennen, das ist das Ziel der Diskussionen des Betriebsrates mit den Beschäftigten, im betrieblichen Alltag, bei den Veranstaltungen in den Aktionsmonaten und in den E-Mail-Texten. Letztlich geht es nicht darum, die neuen Formen zu verhindern, die auch neue Freiheiten ermöglichen und die individuelle Entwicklung befördern; es gibt kein Zurück zum alten Command-and-Control mit seiner ständigen Kontrolle und Gängelung. Stattdessen gilt es die neuen Freiheiten aktiv zu ergreifen und für die Zwecke der Beschäftigten zu nutzen. Voraussetzung ist, dass der Betriebsrat einen Raum geschaffen hat, in dem Austausch und Erkenntnisgewinn stattfinden können, dass er die Beschäftigten Ernst nimmt und nun nicht anstelle des alten Kommandosystems erneut bevormundet.

Angela Schmidt

Weiterführende Literatur:

Glißmann, Wilfried / Peters, Klaus (1997): Business Reengineering, Culture Change - Die neue Organisation der Arbeit und die Frage der Solidarität. In: Hensche, Detlef / van Haaren, Kurt (Hg.): Arbeiten im Multimedia Zeitalter. Hamburg (VSA) Seite 187 - 196.

Glißmann, Wilfried (1999a): Betriebliche Interessenvertretung und Neue Selbständigkeit in der Arbeit. In: Werner Fricke (Hrsg): 1999/2000. Jahrbuch für Arbeit und Technik. Was die Gesellschaft bewegt. Bonn (Verlag Dietz) Seite 54 - 69.

Glißmann, Wilfried (1999b): Die neue Selbständigkeit in der Arbeit und Mechanismen sozialer Ausgrenzung. In: Sebastian Herkommer (Hrsg): Soziale Ausgrenzungen. Gesichter des neuen Kapitalismus. Hamburg (VSA) Seite 150 – 170.

Glißmann, Wilfried (2000): Die neue Selbständigkeit in der Arbeit, Ökonomik der Maßlosigkeit und die Frage der Gesundheit. In: Scheuch, Klaus u.a. (Hg): Arbeitsschutzforschung. Diskussionen am Ende des 20. Jahrhunderts. Technische Universität Dresden (ISBN 3-86005-245-4) Seite 120 - 138.

Glißmann, Wilfried / Schmidt, Angela (2000). Mit Haut und Haaren. Der Zugriff auf das ganze Individuum. Sonderheft der "denkanstösse - IG Metaller in der IBM". Das Heft kann angefordert werden unter Tel.: 069-6693-2800.

IG Metall Verwaltungsstelle Bremen (2000): Arbeiten ohne Ende? Meine Zeit ist mein Leben! Problemlagen und Handlungsansätze für Betriebsräte.

Peters, Klaus (1997): Die neue Autonomie in der Arbeit. Hgg. vom DGB Bundesvorstand, Informationen zur Angestelltenpolitik 5/97. Wiederabgedruckt in: Kaiser, Erwin u.a. (1999): Auf zu neuen Ufern. Gewerkschaftliche Organisationsmodelle in Österreich und Europa. Wien (Verlag des ÖGB) Seite 41 - 62.

Peters, Klaus / Siemens, Stephan / Glißmann, Wilfried (1999): Meine Zeit ist mein Leben. Neue betriebspolitische Erfahrungen zur Arbeitszeit. Dieses Sonderheft der "denkanstösse – IG Metaller in der IBM" von Februar 1999 kann bei der IG Metall angefordert werden. Tel: 069-6693-2800.

Schmidt, Angela (2002): „Die Unselbständigen Selbständigen: Glück und Elend in der neuen Arbeitsorganisation". Grass, Günther / Dahn, Daniela / Strasser, Johano (Hg.): In einem reichen Land: Zeugnisse alltäglichen Leidens an der Gesellschaft. Göttingen (Steidl), 55-63.

Schmidt, Angela (2003): „'Was passiert, wenn ich mich hinsetze und schreibe?': Anstoßtexte als Form der Selbstinterpretation von Beschäftigten". Kastner, Michael (Hg.): Neue Selbstständigkeit in Organisationen. München und Mering (Rainer Hampp-Verlag), 307-328.

Endnoten

1   Glißmann, Wilfried / Schmidt, Angela (2000). Mit Haut und Haaren. Der Zugriff auf das ganze Individuum. Sonderheft der "denkanstösse - IG Metaller in der IBM". Das Heft kann angefordert werden unter Tel.: 069-6693-2800.

2   Einige dieser Texte wurden veröffentlicht in "Mit Haut und Haaren" s.o. und in „Arbeiten ohne Ende? Meine Zeit ist mein Leben! Problemlagen und Handlungsansätze für Betriebsräte". Hg. IG Metall Verwaltungsstelle Bremen: 2000 und in: Kastner, Michael (Hg.): Neue Selbstständigkeit in Organisationen. München und Mering: Rainer Hampp-Verlag, 2003.

3   Zur Theorie neuer Managementformen Glißmann, Wilfried / Peters, Klaus (2001).

4   Glißmann, Wilfried / Schmidt, Angela (2000). Mit Haut und Haaren. Der Zugriff auf das ganze Individuum. Sonderheft der „denkanstösse - IG Metaller in der IBM". Das Heft kann angefordert werden unter Tel.: 069-6693-2800.

5   Einige dieser Texte wurden veröffentlicht in „Mit Haut und Haaren" und in „ Neue Selbstständigkeit in Organisationen" (s. Endnote 2) und in „Arbeiten ohne Ende? Meine Zeit ist mein Leben! Problemlagen und Handlungsansätze für Betriebsräte". Hg. IG Metall Verwaltungsstelle Bremen: 2000.

Unternehmer Unserer Selbst

Jan Verwoert

I. Die Faszination des Unternehmerischen.

Dass eine neue Wirtschaftsordnung neue Formen, das Leben, die
Arbeit und das Soziale zu organisieren, hervorbringen könnte,
schien mit einem Mal vollkommen offensichtlich zu sein. Überall waren sie anzutreffen, die Pioniere der New Economy:
Bewegliche, stilsicher angezogene, gut gelaunte und offenbar
auch gut verdienende Individualisten mit liberaler Lebensein-
stellung. Firmengründer Anfang Zwanzig, die den Journalisten
ihre Businesspläne erklärten, Kamerateams durch frisch einge-
richtete Loftbüros führten und der Öffentlichkeit lächelnd
anvertrauten, dass es mit ihrem Unternehmen derzeit steil auf-
wärts gehe. Der 'Unternehmer' oder 'Entrepreneur' wurde zur
Symbolfigur – zum Inbegriff eines neuen Typus von Erfolgsmenschen, der, stets im Einklang mit dem Zeitgeist, frei und
innovativ denkt und handelt.

Dieses Leitbild schien auf alle Bereiche des gesellschaftlichen
Lebens übertragbar zu sein. Auch in der Kunst fand man in der
Figur des Unternehmers ein geeignetes Vorbild für ein neues
Künstlerprofil. Wer könnte den Unternehmergeist in der Kultur
schließlich besser verkörpern als KünstlerInnen, die ihr Atelier
zum Projektbüro machen, auf internationaler Ebene souverän
ihre Arbeit und Persönlichkeit vermarkten und als Trendsetter in
ästhetischen Fragen selbst den Marktführern aus Werbung und
Produktdesign immer einen Schritt voraus sind? Über die Generation der Young British Artists, die Mitte der Neunziger das
internationale Kunstgeschen aufrollte, war in diesem Sinne zu

45

lesen, dass sie nicht nur der konfrontative Humor ihrer Kunst, sondern auch ihr *entrepreneurial spirit*, auszeichne.[1] 2001 orakelte auch die Medienkunstausstellung Ars Electronica, der „Trend einer jungen Künstlergeneration, sich eigene Plattformen, Kooperationen und Business-Modelle aufzubauen, und der anhaltende Brain-Drain in die Medien- und Werbewirtschaft könnte den Kunstbetrieb bald wie eine Geisterstadt zurücklassen."

Als wollte er das inoffizielle Manifest zu dieser Entwicklung nachliefern, schrieb Heinz Bude in seinem 2001 bei Merve erschienenen Buch „Generation Berlin", der Leitbegriff ebendieser Generation Berlin sei der des 'unternehmerischen Intellektuellen'.[2] Dieser neue Typus von Intellektuellen bezieht, laut Bude, nicht länger die Position des distanzierten Beobachters, der mit Blick auf die Geschichte die Entwicklungen der Gegenwart kritisiert. Er stellt vielmehr seinen unternehmerischen Geist unter Beweis, indem er seine Innovationskräfte in die Gesellschaft einbringt, im Hier und Jetzt lebt, und Experimente wagt. Als Merkmale des unternehmerischen Intellektuellen nennt Bude die Eigenverantwortlichkeit und die Bereitschaft zur Eigeninitiative (den Willen, die „Verwertung seines Arbeitsvermögens selbst in die Hand nehmen"[3]). Besonders betont er aber auch seine „Gegenwartsbereitschaft". Im Zeichen des „Unternehmergeistes" soll, so sieht es Bude, ganz Deutschland den Schritt aus der Vergangenheit in die Jetztzeit tun. Er beschreibt es ausdrücklich als die „Aufgabe" der Generation Berlin, „eine Berliner Republik jenseits vergangenheitspolitischer Alarmreflexe zu begründen".[4]

Diese Bemühungen, im Zeichen des Unternehmerischen sowohl einen neuen Individualitätstyp als auch ein neues

Nationalimage zu begründen, beobachten auch die Autoren der Studie über den Aufstieg der New Economy, www.revolution.de, Alexander Meschnig und Mathias Stuhr.[5] Sie lancieren den Begriff des „Unternehmers" jedoch nicht unkritisch, sondern untersuchen die Gründe seiner derzeitigen symbolischen Aufwertung. Die positive Konnotation des Begriffs führen Meschnig und Stuhr auf die Bedeutung zurück, die der Begriff im historischen Zusammenhang des Wirtschaftswunders im Deutschland der 50er Jahre bekam. Der Unternehmensgründer und Firmenchef, so erscheint es im Rückblick, verstand sich zu dieser Zeit als öffentliche Person mit sozialer Verantwortung für seine Angestellten und das Land, zu dessen Aufbau er beitrug. Positiv von „Unternehmern" zu sprechen bedeutet also im Wesentlichen, Erfolgsmenschen eine soziale Ader anzudichten. Aus diesem Grunde, so die These von Meschnig und Stuhr, sei die Wiedergeburt des Konzepts des sozial verwurzelten Unternehmers in den Neunzigern ein Gegenentwurf zur sprich-wörtlichen Gesellschaftsfeindlichkeit der Yuppie-Manager, dem Rollenmodell der Achtziger. Den Yuppies, den rücksichtslosen Egomanen der 80er, die im Boss-Anzug, mit gut gefönten Haaren kalt lächelnd über Leichen gingen, stehen also in den 90ern, dies suggeriert die neue Konjunktur des Unternehmerbegriffs, Geschäftsmänner und –frauen gegenüber, die einen Rückhalt in der Gesellschaft brauchen und suchen. Nur dass diese Gesellschaft nicht der Staat ist, sondern das Milieu, die Subkultur, der Pool von gleichgesinnten Produzenten, das Team von Mitarbeitern in der Agentur, das durch den unhierarchischen Umgang im Unternehmen zu einer Familie wird, die gemeinsam flexibel lebt und arbeitet.

Die Hauptbegründung für die Konjunktur des Rollenmodels Entrepreneur sehen Meschnig und Stuhr jedoch in dem Versprechen, das von ihm ausgeht. Sie argumentieren in diesem Sinne, dass die Arbeitsatmosphäre der Start-up-Unternehmen, der kleinen Webdesign- oder E-Commerce-Firmen etc. Anlass zu der Hoffnung gab, hier entstehe ein neuer gesellschaftlicher Freiraum, in dem Karriere und wirtschaftlicher Erfolg mit alternativen, individualistischen Lebensmodellen der Subkultur vereinbar seien. Der Traum von der Integration verschiedener Lebensmodelle, die sich zuvor gegenseitig ausschlossen – entweder war man für oder gegen das System – schien in dieser, wie Meschnig und Stuhr es nennen, „lebensbejahenden Leistungskultur" möglich zu werden. Mit ebendiesem Versprechen, aus der Haltung der Oppositionalität heraustreten und ein gesellschaftlich integriertes, weiterhin aber alternativ begründetes Leben führen zu können, wirbt auch Heinz Bude für sein Konzept des 'unternehmerischen Intellektuellen'. Endlich soll es möglich sein, frei und unabhängig zu leben, ohne den Verzicht auf die Vorzüge und Einkunftsmöglichkeiten in Kauf nehmen zu müssen, den die Selbstmarginalisierung im Zuge einer radikal 'systemkritischen' Haltung bis dato leider zwangsläufig mit sich brachte.

II. Der Lohn der Arbeit ist: die Arbeit.

Von Rechts wegen sollte es in dieser Welt der selbstbestimmten, kreativen Unternehmer also nur Gewinner geben. Flexibel profitiert ein jeder von der Innovationskraft eines jeden. So will es die so genannte Win-Win-Philosophie des Unternehmergeistes. Sie verspricht, dass, nach der (vermeintlichen) Abschaffung aller Abhängigkeits- und Ausbeutungsverhältnisse, ein jeder unmittelbar etwas von der neuen Wirtschaftsordnung hat. Dass

jeder, frei nach dem Naturgesetz „You only get what you give",
im selben Maße wie er sein persönliches Engagement, seine
Arbeitsleistung und Zeit in ein Arbeitsverhältnis einbringt, auch
einen direkten Gewinn davontragen könne. Dass sich der Ab-
stand zwischen der Verrichtung einer Arbeit und ihrer Entlohnung schließlich so weit verkürze, dass sich Arbeit unmittelbar für den Arbeitenden lohnt. Für den individuell engagierten
Unternehmer rentiert sich Arbeit schon allein aufgrund ihres
puren Genusswertes. Die zynische Konsequenz dieser Philosophie wird jedoch zunehmend deutlich: Je mehr Menschen mit
steigendem Engagement für weniger Geld arbeiten, umso mehr
wird Arbeit auch *de facto* zu ihrem eigenen Lohn. Die Aufwertung der selbstbestimmten Arbeit führt unterm Strich zur
forcierten Selbstentwertung der Arbeit. In immer mehr Arbeits-
bereichen wird also die Formel Standard: Bezahlung? Sind Sie
verrückt? Seien Sie doch froh, dass Sie bei uns mitarbeiten dürfen, es macht Ihnen doch schließlich Spaß, oder?

Die weitverbreitete Akzeptanz solcher Praktiken ist zumeist
durch ein biographisches Kalkül mit geradezu eschatologischer
Ausprägung bedingt. Indem man heute für wenig Geld mit viel
Intiative und Engagement bei einer angesehen Agentur, Firma,
Zeitschrift etc. arbeitet, steigt auch das eigene Ansehen, so dass
morgen, oder vielleicht auch eher übermorgen, auf der Basis der
erworbenen Credits, irgendwo auf einer höheren Ebene, eine gut
bezahlte Festanstellung möglich wird. Während also zum einen
der Wert der Arbeit im Moment ihrer rein selbstbezüglichen
Verrichtung implodiert, wird die Entlohnung, der Profit auf
einen unabsehbaren Punkt in der Zukunft des eigenen Lebens-
laufs verschoben. Budes „gegenwartsbereiter" Unternehmer
sieht sich also plötzlich mit einem unabsehbaren Aufschub seiner

Jan Verwoert

eigenen Gegenwart konfrontiert. In der Gegenwart bleibt die Arbeit Investition. Dafür, dass sich diese Investition jedoch rentieren wird, gibt es keine Garantie. Es ist eher wahrscheinlich, dass die Unmenge an abgesicherten gut dotierten Stellungen, die existieren müsste, um die zunehmende Menge an unterbezahlten Engagierten zum gegebenen Zeitpunkt angemessen für ihr Engagement zu entlohnen, niemals existieren wird. Die Generation der Engagierten läuft also Gefahr, zur Generation der Angeschmierten zu werden, da sie auf eine Zukunft spekuliert, mit deren Eintreten nicht zu rechnen ist.

III. Winner und Survivor.

In ihrem Dokumentarfilm „Leben nach Microsoft" (D 2001) portraitieren Corinna Belz und Regina Schilling die Arbeitsbedingungen beim Computergiganten Microsoft und die Lebensverhältnisse ehemaliger Mitarbeiter: Indem Microsoft die maximale Identifikation der Angestellten mit ihrer Firma fördern, bringen sie Hochschulabsolventen anfang Zwanzig dazu, sich rund um die Uhr für die Softwareentwicklung zu engagieren, um die Programmierer, wenn ihr Talent vollkommen ausgeschöpft ist, als Frühpensionäre im Alter von Mitte Dreißig(!) mit Aktienbeteiligungen in Millionenhöhe ins Leben zurückzuschicken. Eine extreme Form der Ausbeutung, die gerade deshalb so effizient ist, weil sie Individuen als Individuen fordert und restlos verwertet. Auffällig ist zudem, dass die meisten der ehemaligen Microsoft-Mitarbeiter ihre derzeitige Lebenssituation als Krise erleben, keiner von ihnen aber daraus Konsequenzen für seine Grundeinstellung zur Verwertung der eigenen Arbeitskraft

50

zieht. Im Gegenteil, einer der Befragten, der im Rahmen einer Ausbildung zum Comiczeichner sein Glück in der Kreativität sucht, betont, dass er bei Microsoft vor allem eines gelernt habe: Herausforderungen mithilfe einer unternehmerischen Herangehensweise zu bewältigen. Auch jetzt plane er, der Welt seiner (in Zukunft noch zu entwickelnden) Comicfiguren eine wiederkennbare Corporate Identity zu geben, um so von vorne herein, im Sinne eines franchising-Prinzips auf die Weiterverwertung der Figuren als Kaffeetassen- oder T-Shirt-Aufdruck hinzuarbeiten.

Der Unternehmer kann nicht scheitern. Das ist das wirklich Erstaunliche. Er hat die Krise zu einem produktiven Prinzip seines Handelns gemacht. Das Durchsetzen der eigenen Interessen gegen Widerstände und die Organisation von unüberschaubaren Verhältnissen ist ja gerade seine Kernkompetenz. Rückschläge? Konkurs? Arbeitsverlust? Kein Problem. Dann beginnt man eben wieder von vorne. Meschnig und Stuhr argumentieren in diesem Sinne: „Die New Economy kennt eigentlich keine Arbeitslosigkeit oder Arbeitslose, sondern nur neue Chancen, Optionen und 'Jobsuchende'"[6] und führen weiter aus: „Das subjektive Empfinden, jeden Tag wieder bei null anzufangen, ist vielleicht das Grundgefühl in der neuen Arbeitswelt, vielleicht das aktuelle Lebensgefühl schlechthin."[7]

Ulrich Bröckling weist in diesem Zusammenhang darauf hin, dass es sich bei der Fähigkeit zum Krisenmanagement nicht mehr nur um eine Überlebenstechnik für Alleinunternehmer handelt.[8] Er beschreibt vielmehr, wie durch die gezielte Erzeugung von Krisenstimmung diese unternehmerische Überlebenstechnik auch Angestellten antrainiert wird. Bröckling beschreibt, dass Firmen und Betriebe zunehmend weniger die

Einbindung ihrer Mitarbeiter in klar und stabil geregelte Strukturen anstreben. Stattdessen verspricht man sich eine Steigerung der Arbeitsleistung der Mitarbeiter gerade von einer Auflösung dieser Strukturen. Durch das Zulassen, wenn nicht sogar Erzeugen eines bestimmten Maßes an Chaos, Unsicherheit und Überforderung soll den Mitarbeitern das Gefühl vermittelt werden, nicht Angestellte, sondern Unternehmer in eigener Sache (so genannte *Intra*preneure) zu sein. Das heißt, es wird ihnen nahegelegt, die Probleme der Firma – oder schlicht das von ihr zu bewältigende Arbeitsvolumen – als persönliche Herausforderung zu begreifen, sich verstärkt zu engagieren und Verantwortung zu übernehmen.[9] Nicht die Herstellung von Arbeitssicherheit, sondern die Inszenierung einer individuell zugespitzten Krisenstimmung dient somit als Mittel zur Produktivitätssteigerung. Meschnig und Stuhr fassen in diesem Sinne zusammen: „Im Zentrum unserer sozialen Organisation steht heute neben der Forderung des Risikomanagements das Prinzip der permanenten Unsicherheit."[10]

Es kann also kein Zufall sein, dass der handelsübliche Party-Hitmix das Mantra „Ich bin so schön, ich bin so toll" von DJ Ötzis „Anton aus Tirol" unmittelbar in Gloria Gaynors „I will survive" übergehen lässt. Der Winner wird innerhalb von Minuten zum Survivor. Der Gewinnertyp kann sich als solcher nur behaupten, wenn er im Moment seines Triumphes bereits die bevorstehenden Rückschläge vorwegnimmt und sich darauf einstellt, sich alsbald als Überlebenskämpfer durchschlagen zu müssen. In diesem Sinne fasst Ulrich Bröckling zusammen: „Weil unter den Bedingungen des flexibilisierten Kapitalismus selbst die Gewinner ihre Position immer nur 'für den Moment' behaupten können, verallgemeinert sich die nur allzu berechtigte Sorge, vielleicht morgen schon auf der Verliererseite zu stehen. Für den einzelnen ergibt sich daraus eine paradoxe Situation: Einerseits ist er den Kräften des Marktes ausgeliefert wie einer Naturgewalt, andererseits kann er sich seinen Erfolg wie sein Scheitern niemandem zuschreiben als sich selbst."[11] Der Einzel- und Überlebenskämpfer muss Krisen, Rückschläge und Unsicherheiten aushalten. Gelingt ihm das auf Dauer nicht, fällt er aus dem System heraus. Auf der ganzen Linie zu scheitern (und nicht wieder bei Null anfangen zu können) ist in seinem Lebensmodell nicht vorgesehen. Das Scheitern kann deshalb nicht strukturell als eine Möglichkeit verstanden werden, die jedem Lebensmodell oder Arbeitsvorhaben von Grund auf innewohnt. Erklären lässt es sich dann nur noch in moralischen Begriffen als Form von Schuld und Versagen. Nach diesen moralischen Maßstäben verurteilt das Publikum in Daily Talkshows Menschen, die beruflich und privat gescheitert sind, als Versager. Nach denselben Maßstäben wird derzeit der Sozialstaat in ein System der individuellen Risikovorsorge umgebaut. Wer nicht zu den Gewinnern zählt, ist selber schuld.

IV. Perspektiven der Kritik.

Eine kritische Position gegenüber diesen neuen Organisationsformen der Arbeit, der Lebenszeit und des Sozialen einzunehmen, ist nicht einfach, da viele der emanzipatorischen Konzepte, auf die sich diese Kritik stützen könnte, die Leitbegriffe der Ideologie sind, die es zu kritisieren gilt. Wie kann man so, wenn man an dem Wert selbstbestimmter Arbeit festhalten will, verhindern, dass man zum Erfüllungsgehilfen eines Systems wird, das im Namen ebendieses Arbeitsbegriffs den allgemeinen Leistungsdruck ins Unerträgliche steigert? Wie kann man einen positiven Begriff von der Selbstorganisation der eigenen Arbeits- und Lebenszusammenhänge erhalten, ohne dabei einer Politik zuzuarbeiten, die mit der Begründung, es sei doch besser, wenn der Einzelne sich nicht nur sein Leben und seine Arbeit, sondern auch seine soziale Absicherung und Rente selbst organisiert, einen forcierten Abbau des Sozialstaats rechtfertigt (weil, wer alles selbst entscheidet, am Ende auch an allem, was ihm zustößt, selbst schuld ist)? Kann man schließlich überhaupt noch von der Annahme ausgehen, dass der selbstbestimmten Arbeit für die Gestaltung der eigenen Lebensperspektive und die persönliche Emanzipation eine Schlüsselrolle zukommt, wenn man nicht einer Ideologie zustimmen will, die die Arbeit absolut setzt. Die propagiert, dass ein Mensch seinen Wert nur über seine Arbeit bestimmt, die durch diese Existentialisierung von Arbeit jede Distanz zur Arbeit und jede Objektivierbarkeit der Arbeits- leistung zum Verschwinden bringt, mit dem Erfolg, dass jemand, der für seine eigene Persönlichkeitsentwicklung – oder schlicht um der Arbeit selbst willen – arbeitet, keinerlei Rechte mehr ein- zuklagen hat. Gegen wen sollte er auch klagen? Gegen sich selbst, oder die Arbeit überhaupt? Was aber möglich ist und Not tut, ist, dem rapide voranschreitenden Umbau der Gesellschaft und den die Folgen dieses Umbaus verschleiernden Ideologien eine Begriffs- und Bewusstseinsbildung entgegen zu setzen, die das Versprechen entzaubert, dass wir in der schönen neuen Welt alle erfolgreiche Unternehmer unserer selbst sein werden.

Endnoten

1   Siehe zum Beispiel: Patricia Bickers: The Brit Pack: Contemporary
    British Art, the view from abroad. (Manchester 1995) Als Beleg für den
    entrepreneurial spirit der Young British Artists kursiert die Anekdote,
    dass der Künstler Damien Hirst 1989 auf Eigeninitiative den Sammler
    und Werbemagnaten Saatchi mit einer Limousine vor seiner Haustür
    abholen und zu der von ihm in den Docklands organisierten
    Gruppenausstellung Freeze bringen lies.
2   Heinz Bude: Generation Berlin. Berlin 2001.
3   Ebd. S.27.
4   Ebd. S.29.
5   Alexander Meschnig und Mathias Stuhr: www.revolution.de. Hamburg
    2001.
6   Ebd. S. 209.
7   Ebd. S.262.
8   Ulrich Bröckling: Totale Mobilmachung. Menschenführung im
    Qualitäts- und Selbstmanagment. In: Gouvernmentalität der
    Gegenwart. Studien zur Ökonomisierung des Sozialen.
    Herausgegeben von Ulrich Bröckling, Susanne Krasmann und
    Thomas Lemke. S.131-167.
9   Kerstin Jürgens nennt in ihrem Aufsatz „Die Janusköpfigkeit der
    Arbeitszeitflexibilisierung" für eine solche Situation folgendes
    Beispiel: „So appellierte (..) der Computerhersteller Hewlett-Packard
    weltweit in einer schriftlichen und individuellen Anfrage an seine
    Angestellten, bereits angesichts von zu erwartenden
    Gewinneinbrüchen auf Urlaubsansprüche zu verzichten bzw. dem
    Unternehmen Lohnanteile zu 'spenden'." In: Tranformation der
    Arbeit. Hannoversche Schriften 5. FaM 2002. S.105f.
10 Alexander Meschnig und Mathias Stuhr: www.revolution.de. Hamburg
    2001, S.259.
11 Ulrich Bröckling: Totale Mobilmachung – a.a.O., S.162.

Über die Rückkehr der New Economy

Gabriele Fischer

Kürzlich war ein Fernsehteam vom WDR bei uns, um Interviews für eine Jugendsendung zu drehen zum Thema „Neuer Markt – New Economy – und die zerplatzte Blase". Die Redakteurin kam nicht aus der Wirtschaft und sie tat, was so viele tun: Sie hat den Neuen Markt und die Neue Wirtschaft gleich gesetzt. Eines von vielen Missverständnissen.

1. Die Rückkehr der New Economy. War sie je weg?

Wenn mit der New Economy der Hype gemeint ist, ja, der ist ganz sicher vorbei. Aber wenn mit New Economy gemeint ist, dass sich etwas Grundlegendes in der Wirtschaft verändert – dann fangen wir gerade erst an.

Dass sich etwas verändert und was, ist mir zum ersten Mal im Frühling 1996 bewusst geworden. Ich war damals noch beim Manager Magazin und interviewte für eine Geschichte über die Wissensgesellschaft den damaligen Compunet-Vorstand Jost Stollmann – viele von Ihnen werden ihn besser als ersten Schröder-Kandidaten für das Wirtschaftsministerium kennen.

Jost Stollmann hatte damals mit einer Anzeigenkampagne für den Standort Deutschland von sich reden gemacht. Und der Standort war damals, Mitte der 90er Jahre, ungefähr im glei-

chen Jammertal wie heute. Aber im Gegensatz zur Bundes-
regierung hatte Stollmann eine Vision:

Er war überzeugt, dass dieses Land die Zukunft in der Hand
hält – wenn es endlich begreift, dass sich die Zeiten geändert
haben. Nicht mehr Produktion und einfache Tätigkeiten sichern
unseren Wohlstand, sondern das Wissen und die Kreativität seiner Bürger. In dem damaligen Interview stehen Sätze, die ich
damals für ziemlich abgedreht hielt:

> *„Wir haben schon jetzt eine Explosion des
> Wissens, das heißt, unsere Fähigkeit, intelli-
> gente Faktoren einzusetzen, um Wohlbefin-
> den und Wohlstand zu schaffen, steigt dra-
> matisch. Und in den nächsten Jahren wird es
> nicht mehr um ein paar Prozent mehr Pro-
> duktivität gehen, sondern um Quanten-
> sprünge.“*

oder:

> *„Wir können heute unglaublich viel mehr
> Wohlstand erzeugen, als die Generationen
> davor, mit weniger Energie, weniger Roh-
> stoffen und nun auch weniger Arbeit. Aber
> nun sehen Sie sich den Widerspruch an:
> Auf der einen Seite haben wir alles in der
> Hand, um für diese Gesellschaft Quanten-
> sprünge im Wohlstand zu erreichen – und
> gleichzeitig fallen wir in eine tiefe menta-
> le Depression und wollen eine solche
> Zukunft mit allen Mitteln verhindern.“*

oder:

> *„Wirtschaften heißt, Bedürfnisse zu be-*
> *friedigen. In der Nachkriegszeit waren die*
> *wichtigsten Bedürfnisse Häuser, Verkehrs-*
> *mittel, eine Infrastruktur. Heute ist es viel-*
> *leicht Luft, die man atmen kann. Oder*
> *Gesundheit, Unterhaltung, die Chance, zu*
> *arbeiten und dennoch Zeit für eine Familie*
> *zu haben oder einfach die Möglichkeit,*
> *schneller von A nach B zu kommen."*

Irgendwie verständlich, dass Stollmann zwei Jahre später – als Kandidat – keiner verstanden hat. Und wie gesagt, ich fand ihn damals auch ziemlich abgedreht. Aber die Idee hat mich fasziniert und ich fing an, hinter seinen Thesen her zu recherchieren. Und ich begann zu begreifen, dass wir in einer der aufregendsten Zeiten überhaupt leben: in der Zeit, in der sich die Industrie- zur Wissensgesellschaft wandelt. Eine Entwicklung, die vielleicht noch tiefgreifender ist als der Wandel von der Landwirtschafts- zur Industriegesellschaft.

Die Geschichte, die ich damals schrieb hieß „Wissen ist Geld". Und sie war die eigentliche Geburtsstunde von brand eins. Wobei ich weder ahnte, dass das mit dem Geld erst einmal schief gehen würde – noch, dass ich irgendwann ein eigenes Magazin machen würde … .

2. Was das alles mit der New Economy zu tun hat? Es ist ihr Kern.

Die New Economy oder Neue Wirtschaft war der Versuch, ein Etikett für etwas zu finden, was neu und damit erst einmal undurchschaubar war. Tatsächlich war es nichts weiter als eine Stufe in einer schon lange laufenden Entwicklung: Die Industriegesellschaft hat ihren Job erstklassig gemacht – sie hat dafür gesorgt, dass Produkte von immer weniger Menschen mit immer weniger Kapital herzustellen sind. Längst schon waren die Produkte nur zu einem kleinen Teil noch das, was wir später Hardware zu nennen gelernt haben.

Der US-Wissenschaftler Robert B. Reich hat diese Entwicklung schon damals, Mitte der 90er Jahre, am Beispiel des Pontiac Le Mans von General Motors vorgeführt:

> *„Für dieses Auto verlangte GM damals von seinen Händlern 20 000 Dollar – und davon gehen:*
> *6 000 Dollar an die Koreaner, die es fertigen,*
> *3 500 Dollar nach Japan, für hochentwickelte Teile,*
> *1 500 Dollar nach Deutschland, für Styling und Konstruktion,*
> *500 Dollar nach England, für das Marketing,*
> *800 Dollar nach Taiwan und Singapur, für Kleinteile,*

*je 100 Dollar nach Barbados und Irland,
für die Datenverarbeitung.
7 500 Dollar erhalten Strategen in Detroit,
Anwälte und Banker in New York, Lobbyis-
ten in Washington, Beschäftigte bei Kran-
ken- und anderen Versicherungen überall in
den USA und die Aktionäre von GM. "*

Schon damals galt: Vor allem wissensgeladenes Kapital garantiert
Rendite und Vermögen. Was „wissensgeladen" ist? „Kapital, das
sich mit hochalleinstehendem Wissen paart, also mit Intelligenz,
Kombinatorik und Kreativität."

Das war damals Stand der Wissenschaft – und natürlich wuss-
ten es auch die Manager, viele Unternehmer. Und die Banker.

Und dann kam die New Economy.

Ich finde es bis heute schwer zu entscheiden, ob der Boom mit
dem Internet begann oder mit der Tatsache, dass man in einer
wissensgetriebenen Wirtschaft keine Maschinen und keine
Fabrik mehr braucht, um eine Firma zu gründen – sondern nur
noch seinen Kopf, eine Idee und einen Computer. Auf jeden Fall
hat das Internet eine entscheidende Rolle gespielt, weil es aus der
schleichenden Entwicklung einen Umbruch gemacht hat.

Plötzlich gab es eine Welt, in die viele der Etablierten keinen
Einblick mehr hatten. Selbst IT-Vorstände ließen sich damals
Ihre E-Mails noch von der Sekretärin ausdrucken, hielten das
Internet für Spielerei – und mussten sich bald von Kids eines
Besseren belehren lassen.

Das Drama begann, als diese neue bunte Kids-Welt für die

Etablierten interessant zu werden begann. Sie witterten ein Milliarden-Geschäft – und haben mit ihrem Risiko-Kapital und völlig überzogenen Erwartungen aus der Bewegung eine Blase und schließlich eine zerplatzte Blase gemacht.

Nein, nein – ich will die Unternehmer der New Economy nicht aus der Verantwortung nehmen. Vor allem die zweite Gründungswelle war in erster Linie geldgetrieben. Das Problem ist nur: das hat mit New Economy eigentlich nichts zu tun.

3. Eine Idee wird korrumpiert.

Ich erinnere mich gut an die ersten Artikel über diese seltsamen jungen Leute, die ihre Nächte vor dem Computer verbrachten, sich fast nur von Pizza ernährten und plötzlich über Millionen an Kapital verfügten. Interessant daran war vor allem das: „Die neuen Millionäre" betitelte die Wirtschaftswoche ihre erste Titelgeschichte zur New Economy. Dabei waren viele der dort Beschriebenen Millionäre nur auf dem Papier – und soll ich Ihnen was sagen: Die meisten hat das überhaupt nicht interessiert.

Zumindest am Anfang trieb die jungen Unternehmer nicht das Geld, sondern die Idee. Sie träumten von einer Technologie-Revolution. Von völlig anderen Arbeitsbedingungen. Von einem Arbeits-Alltag, der Spaß macht. Von wilden Festen, auf denen sie ihre Erfolge feierten – und damit war nicht der Börsengang gemeint, sondern der Tag, an dem der Prototyp zum ersten Mal lief. Von einer neuen Wirtschaftswelt, die ganz anders ist als das, was sie von ihren Manager-Vätern kannten. Die zu jener Zeit, und das sollten wir nicht vergessen, scharenweise in den Vor-ruhestand verabschiedet wurden.

Ich persönlich finde, es hat eine seltsame Ironie, dass die New Economy in der ersten Runde genau an dem Stoff scheiterte, der ihr eigentlich gar nicht so wichtig war – am Geld. Denn man muss sehen: Wenn Kreativität und Wissen den Arbeitstag bestimmen, dann ist es plötzlich gar nicht mehr so wichtig, schnell viel Geld auf die Seite zu bringen, um endlich frei von Arbeit zu sein. Das war der Traum der Industriegesellschaft.

Aber das Geld verhieß auch die Freiheit, zu tun, was einem Spaß macht. Wer je auf einem Investorentreffen vortanzen musste, der weiß, wie der Wunsch entsteht, schnell viel Geld zu machen – um endlich davon frei zu sein. Und so wurde aus der ideen- doch eine geldgetriebene Wirtschaft. Viel mehr, als jemals zuvor.

4. Ein schlechter Start ...

Was daraus wurde, ist bekannt. Alle wollten von der Goldader profitieren.

- *die Banken*, die an jedem Börsengang verdienten (und damit ihre Krise verschoben);
- *die Klein-Aktionäre*, die eben erst mit der T-Aktie gelernt hatten, dass es eine Börse gibt, und die zu lange glaubten, die Börse sei ein Casino mit sicherem Gewinn;
- *die Börsen-Profis*, die sicher waren, dass sie rechtzeitig erkennen würden, wenn die Blase platzt;
- *die VC-Gesellschaften*, die immer abstrusere Rendite-Erwartungen formulierten – und ihr Risiko in der Regel mit staatlichen Förderinstitutionen teilten;
- *und natürlich all die jungen Unternehmer*, die hofiert

und gehätschelt wurden und irgendwann selbst glaubten, die Größten zu sein. Und deren Nachfolger, die nur noch eine Idee hatten: Geld.

In der Rückschau ist es sonnenklar, dass das nicht gut gehen konnte. Und tragisch daran ist nicht nur, dass viele kleine Leute ihr Geld verloren haben – noch tragischer ist, dass mit dem Neuen Markt jedes Gefühl für Aufbruch und der gerade eben aufkeimende Spaß an neuen Technologien (in einem technologiefeindlichen Land) auf der Strecke geblieben sind.

5. ... und ein neuer Anfang.

Und das alles soll nun zurückkehren?

Nein. Zurück kehrt das, was die New Economy ursprünglich getrieben hat – der Spaß, aufzubrechen, etwas Neues zu erproben, etwas zu tun. Egal, ob dabei Millionen herauskommen.

Es ist wie Moos, das aus den Ruinen wuchert: Leute, die gestern noch Vorstand waren, eröffnen im Wohnzimmer und ohne Herrn Hartz die Ich-AG, schließen sich mit anderen in Netzwerken zusammen und erinnern sich an den Spaß, den es gemacht hat, bevor alles zu einem Rattenrennen wurde.

Sie eröffnen kleine Beratungsfirmen, pflegen die Websites von Mittelständlern, entwickeln Anwendungen, die wirklich gebraucht werden. Und einige sind auch zu ihren Träumen zurückgekehrt: der einstige Vorstandschef von Icon Medialab zum Beispiel versucht sich als Maler – und freut sich, dass unter seinem Atelier ein Buchladen eröffnet hat, betrieben von zwei Ex-New-Economy-Helden, der all das führt, was ihn bewegt. Interessant übrigens auch, dass die beiden für diese Idee Bankkredite bekom-

men haben – und höchst großzügige Zahlungsziele vom Buch-
handel. Vielleicht haben die, die ihnen da halfen, begriffen, dass in
den vergangenen Jahren auch eine Manager-Generation entstanden ist, die mehr erfahren und gelernt hat, als so mancher „richti-
ge" Vorstand in seinem ganzen Berufsleben.

So mancher hat inzwischen auch bei den scheinbaren
Verlierern von gestern angeheuert – bei all den vielen Internet-,
Software- und Multimedia-Firmen, die dem Sog des großen
Geldes widerstanden haben und die sich sauber in Zehnerschritten
bei Mitarbeitern und Umsatz entwickeln.

Denn die eigentliche Ironie ist: das Internet ist ja nicht tot. Es
verändert die Wirtschaft weiter – und inzwischen liegt der
Online-Umsatz mit rund 7 Milliarden Euro sogar höher als noch
vor vier Jahren prognostiziert (allerdings für 2000).

Die neue New Economy wird zurückkehren zu ihren
Wurzeln. Zu der Utopie von einer Wirtschaft, in der Kreativität
das Spiel bestimmt. In der sich ganz neue Firmen- und Geschäftsideen entwickeln werden, in der die Wirtschaft Bedürfnisse
befriedigt, die z. B. Gesundheit, Unterhaltung und Zeit heißen.
Und in der Geld Mittel zum Zweck ist – nicht der Zweck.

Das wird nicht schnell gehen. Das wird nicht ohne Schmerzen
gehen. Das erfordert, dass wir über unser Gesellschaftssystem
ebenso grundlegend nachdenken, wie das die Väter der Industriegesellschaft getan haben. Und das erfordert auch, dass wir uns
zurückbesinnen auf jene guten alten Zeiten, in denen Unternehmen noch drei bis fünf Jahre wachsen durften und eine
Umsatzrendite von 10, 15 Prozent als erstrebenswertes Ziel galt.

Aber ich bin sicher: das ist nicht aufzuhalten.
Ich freue mich darauf.

Gabriele Fischer

Weiterführende Literatur:

Angela Steinmüller, Karlheinz Steinmüller:
Visionen 1900–2000–2100 – Eine Chronik der Zukunft.
Rogner & Bernhard, 1999

Stanislaw Lem: Summa Technologiae.
Suhrkamp,1981

Matthias Horx: Smart Capitalism – Das Ende der Ausbeutung.
Eichborn, 2001

Stefan Kühl : Exit. Wie Risikokapitalismus die
Regeln der Wirtschaft verändert.
Campus Sachbuch 2003

Das Dispositiv der New Economy und seine nachhaltigen Auswirkungen auf die Gesellschaftsstruktur

Alexander Meschnig

Was ist ein Dispositiv?

Der Begriff des Dispositivs stammt eigentlich aus einem militärischen Kontext und bezeichnet dort die materiellen Vorkehrungen, die zur Erreichung eines strategischen Ziels getroffen werden müssen. Der französische Philosoph Michel Foucault, der den Begriff des Dispositivs insbesondere in seinen machtanalytischen Schriften verwendet, betont genau diese strategische Funktion des Dispositivs, das immer auf eine Art von Notstand reagiert. Die New Economy wäre in diesem Sinne eine Antwort, präziser: der Versuch einer Antwort auf eine Frage, die vielleicht noch gar nicht richtig gestellt wurde. Einfacher: Sie war der Versuch einer Antwort auf eine Krise der Arbeitsgesellschaft in der Phase ihrer Globalisierung und den daraus resultierenden gesellschaftlichen und psychischen Anforderungen.

Im Sinne eines Dispositivs gedacht, ist die New Economy nichts Substantielles, sie ist vielmehr ein heterogenes Ensemble, das ermöglichte, unterschiedliche Themenstränge in einem einzigen Begriff zu bündeln. Das Dispositiv wäre genau das Netz, das sich zwischen diesen Elementen knüpfen lässt. In diesem Sinne ist die New Economy ein Dispositiv, ermöglichte sie es doch, unterschiedliche Themen in einer imaginären Einheit zu verbinden. Im Folgenden möchte ich einige dieser Themen benennen, die alle mit der (medialen) Bedeutung der New Economy ihre Relevanz erhielten. Eines lässt sich auf jeden Fall sagen: Die New Economy bildete von Anfang an den Focus unterschiedlichster Inhalte, Ideen und Überzeugungen, sie war niemals allein auf eine neue Ökonomie als vielmehr auf ein gesamtgesellschaftliches Projekt bezogen. Das „Economy" in der vielzitierten New Economy war niemals wirklich Wirtschaft und wenn, dann eine Erwartungs- oder Wunschökonomie, die immer für etwas anderes stand als lediglich steigende Profitraten und Umsatzwachstum.

Die Grundthese unseres Buches „www.revolution.de"[1] ist denn auch, dass wir es hier mit einer kulturellen Revolution und nicht mit einer Revolution in der Wertschöpfungskette oder einer genuin neuen Ökonomie zu tun haben. Nach den Pleiten der New Economy ist die spannende Frage, was eigentlich von dem Bestand haben wird, was die Apologeten der New Economy einst so lauthals verkündet haben. Wenn es, wie der Titel des Beitrags suggeriert, nachhaltige Wirkungen der New Economy gab, dann sind sie in mentalen oder psychischen Transformationen zu suchen, die weit über die New Economy und ihre Unternehmen hinaus gehen. Vielleicht repräsentiert die New Economy die Subjekt- und Arbeitsmodelle der Zukunft, an die wir uns alle anzupassen haben. Vielleicht war sie aber auch nur der (vergebliche) Versuch unserer Arbeitsgesellschaft, einen Ausweg aus ihrer Krise zu finden.

Neues Unternehmertum.

Mit dem Aufkommen der New Economy Ende der 90er Jahre wurde nicht nur ihre technologische Basis, das Internet, immer populärer, es kamen auch alte, längst verstaubte Bekannte zurück. Als hätte es einen Zeitsprung gegeben, wurde plötzlich wieder von Gründern gesprochen, ja sogar eine neue Gründerzeit in Deutschland beschworen. Ein Begriff, der an staubige 50er Jahre erinnerte, erfuhr plötzlich eine ungeahnte Renaissance. Die neue Gründerzeit sollte als Symbol der Freiheit in einem durchregulierten Land neue Dynamiken auslösen.

Heute kann man sich ja nur noch mit einiger Ironie an diese Zeit erinnern, als 22-jährige Jungunternehmer, eben so genannte Gründer, für Start-up-Ideen – wie etwa, Bücher und CD´s, aber auch Katzenstreu oder Hundefutter online zu verkaufen – Millionen von Venture-Capital-Firmen in die Hände gedrückt bekamen. Fünfseitige Businesspläne brachten schon mal 10 Millionen Mark. Die Presse überschlug sich parallel dazu mit Meldungen über junge Menschen, die viel und gerne arbeiteten, Spaß dabei hatten, wenig schliefen und dabei auch noch zu Millionären wurden.

Bei den medial und oft selbsternannten Entrepreneuren, deren Businesspläne meist Kopiervorlagen US-amerikanischer Unternehmen waren, fiel insbesondere ihre eigene Ähnlichkeit und die Gleichheit ihrer Ideen auf. Als hätte es eine Franchise-Firmenidee gegeben, wurden ähnliche Firmen von ähnlichen Gründern mit ähnlichen Namen in ähnlichen Büros ähnlicher Stadtteile eröffnet.

Die Start-ups waren vielleicht der erste Beweis für die Möglichkeit der Produktion klonierter Menschen, die Uniformität der

Gründer und ihrer Ideen eine fast schon unheimliche Begegnung. Aber mit ihnen konnte in Deutschland der Unternehmer und Selbständige wieder vermehrt als Vorzeigefigur behandelt werden. So wie die Firmengründungen sollte auch Deutschland auf dem Weg in die Informationsgesellschaft eine neue Gründerzeit erleben. Lange vorbereitete Themen trafen so auf eine mediale Relevanz und Akzeptanz. Der Unternehmer wurde zum allgemein geforderten Identitätsmodell. Der Ich-Unternehmer, der seine eigene Marke stets mit sich trägt, sollte gleichzeitig als Erwerbstätiger operieren und als Investor in die eigene Person. Er strebt nach Selbstbestimmung und nach direktem Zugang zum Markt. Die Patch-Work-Identität, zusammengehalten von der Marke Ich wird zur normalen Arbeitsbiographie.

Der ehemalige Redenschreiber des US-Präsidentschaftskandidaten Al Gore, Daniel H. Pink, ist zum Vorredner einer Bewegung geworden, die auf die Zunahme der Zeit- und Leiharbeit und von Selbstständigen reagiert. Pink verkündet die Ankunft der *Free Agent Nation*, einer Nation der Selbstständigen und unverwechselbaren Marken, die ein Leben in „Freiheit" einem sicheren Dauerarbeitsplatz vorziehen. Die empirischen Daten in den USA sprechen aber eine andere Sprache: Über 50 Prozent der Frauen in nicht standardgemäßen Beschäftigungsverhältnissen erhalten Löhne auf dem Armutsniveau. Die so genannten *Joke* oder *McJobs* definieren die Free Agent Nation wesentlich besser als die wenigen gut bezahlten Marketingberater und Softwarespezialisten.

Kritik am Staat und Altvertrautem.

Mit dem Aufkommen der Gründer und Jungunternehmer konnte auch die Kritik am Staat und den „verkrusteten Verhältnissen" auf ein neues Niveau gestellt werden. Endlich stimmte auch eine hoffnungsvolle Jugend mit ein in das lange geprobte Credo der Old Economy. So gab etwa der Bund Junger Unternehmer (BJU) in Berlin Ende 2000 das Motto aus: „Deutschland entrümpeln – Neue Wege für eine neue Zeit für die Abschaffung überflüssiger Gesetze." Vorausgesetzt ist bei allen ähnlich klingenden Forderungen die Gewissheit über die lähmende Funktion staatlicher Institutionen bei der Entwicklung neuer Unternehmensfelder und -modelle. Der (Jung-)Unternehmer ist *per se* von einer staatlichen Regulation bedroht, die ihm die Luft zum Atmen abschnürt. Kein Wunder, dass die so genannte Old Economy, trotz einiger Polemiken von seiten der jungen Gründer, mit Wohlwollen auf ihre juvenilen Mitstreiter sah.

Wir kennen alle die Katastrophenszenarien und Schlagworte, die Wirtschaftsführer fast täglich zeichnen: Deutschland verliert den Anschluss, Vorbild Amerika, Überregulation schadet der Entwicklung im Land, Freigebung gesetzlich hemmender Maßnahmen, Flexibilisierung der Arbeitszeiten, Eurosklerose. Die Liste ließe sich fortsetzen. Der Grundgedanke der New Economy war dabei immer der gleiche: Die neuen Informations- und Kommunikationstechniken könnten Millionen von Arbeitsplätzen schaffen, wenn die Grundlagen dafür von der Seite des Gesetzgebers endlich geschaffen würden. Die New Economy sieht sich noch stärker behindert als die traditionelle Wirtschaft, da neue Formen von Arbeit neue Konzepte und Rahmenbedingungen brauchen. Hinzu kommt, dass das Internet prinzipiell als ein freies Medium betrachtet wird, staatliche Eingriffe sich in dieser Sphäre also quasi natürlich verbieten.

Psychoanalytisch gesehen steht der Staat für den symbolischen Vater, dessen Bedeutung für die eigene Existenz konsequent geleugnet wird. Als ob nicht staatliche Ausbildungsinstitutionen, vorhandene Infrastrukturen, Kapitalvergabe, globale Handelsgesetze und Rechtssicherheiten die Voraussetzung für unternehmerisches Handeln wären. Mit dieser Aussage soll gewiss nicht der Staat glorifiziert werden, aber es mutet schon seltsam an, wenn diejenigen, die mit am meisten von staatlichen Grundlagen profitieren am lautesten schreien. Heute, in Zeiten der Insolvenzen und Pleiten, wird übrigens wieder gerne der Staat als helfender Vater angerufen. Wir haben es hier mit einem psychischen Infantilismus zu tun, einem Verlangen nach Sicherheit und grenzenloser Gier, einem Wunsch nach Versorgung, ohne Pflichten übernehmen zu müssen. Wie der französische Autor Pascal Bruckner in seinem Buch „Ich leide, also bin ich" ausführt, gehören Infantilismus und Viktimisierung, also die Vorstellung Opfer zu sein, in der heutigen Zeit untrennbar zusammen.

Politisch instrumentalisierbare Themen.

Die New Economy wurde mit ihrem medialen Vordringen in Deutschland sofort begeistert von der politischen Klasse aufgenommen, insbesondere da sie erlaubte Themen wie Jugend und Technik, Leistung und Profit auf neue Weise zusammen zu denken. Die Affirmation der New Economy sollte eine Zeit lang Parteien und anderen Verbänden den Anstrich des Aufbruchs und des Neuen geben. Exemplarisch dafür etwa nur ein Auszug aus einer Rede des selbsternannten Internetkanzlers Gerhard Schröder aus dem Jahr 2000: „Dabei ist es gerade für junge Unternehmen entscheidend, dass sie von Steuern, Sozialabgaben und Bürokratie nicht erdrückt werden. Gemeinsam haben wir auch auf dem Weg in die Informationsgesellschaft bereits vieles erreicht. Unser Land erlebt eine nie dagewesene Welle von Unternehmensgründungen, gerade auch im Bereich der Informationstechnologien. Das hat übrigens auch Auswirkungen auf die Unternehmenskultur: Flache Hierarchien in den neuen Unternehmen und Teamarbeit haben manche Verkrustungen aufgebrochen. Davon profitieren wir alle. Und, was mir am meisten imponiert: Junge Unternehmer wollen in erster Linie selbst gestalten. Sie zählen auf ihre eigene Kraft und Kreativität; sie rufen weniger nach dem Staat. New Economy ist für mich in erster Linie neues Denken!"

Einige Zeit – und 90 % Kursverlust am Neuen Markt – später wollte Schröder von der Trennung in Old und New Economy aber nichts mehr wissen. Da war die Rede von der *Next Economy*, die zur *True Economy* werden sollte. Heute hat jeder der selbsternannten Claquere (und diese waren durch die Bank bei allen Parteien zu finden, denn wer wollte schon den „Anschluss" verpassen, also Offline sein) natürlich immer schon gewusst, dass das nicht gut gehen konnte. Wenn, dann gibt es nur noch Häme für die einst smarten Gründer.

Neue Subjektivitäten.

Das von Schröder angesprochene neue Denken forderte einen neuen Mitarbeiter, neue Subjektivitäten, den Ich-Aktionär und

73

die ihm zugeschriebenen Eigenschaften eines Unternehmers: Risikobereitschaft, Flexibilität, schnelles Reagieren, Bereitsein. Die moderne Dauerbereitschaft, eine individuelle Haltung des Bereitseins, des In-Dienststellens wird zum Ideal einer neuen Individualitätsform. Ständig sollen wir abrufbar, einsatzbereit, motiviert, flexibel und leistungsfähig sein. Alle für eine Leistungsgesellschaft erwünschten menschlichen Eigenschaften ergänzen sich auf harmonische Weise mit den Prinzipien der New Economy. Sie bringt das neue Individuum nicht unbedingt allein hervor, aber sie macht es zum allgemein verbindlichen Subjektmodell der Wissensgesellschaft. Die Arbeitswelt der New Economy ist in diesem Sinne als eine Art von Laboratorium aufzufassen, in dem gezeigt wird, welchen Prinzipien wir alle uns in Zukunft – bei Strafe der Arbeitslosigkeit – anzupassen haben.

Zauberwort ist natürlich der Begriff der Flexibilität, der inzwischen inflationär geworden ist. Selbst wenn man seine ideologische Konnotation subtrahiert, bleiben bestimmte faktische Anforderungen übrig: Der Einzelne muss heute vermehrt Risiken eingehen und abwägen, da ihm keine Sicherheiten im alten Sinne mehr angeboten werden. Der „Digitale" trifft idealerweise eine Wahl nach seinen Kriterien, wägt die Optionen und Risiken ab, wird zum weltweit agierenden Spieler, operiert gleichzeitig als Erwerbstätiger und als Investor in die eigene Person. Er strebt nach Selbstbestimmung, nach direktem Zugang zum Markt und auch nach der Integration von Erwerbs- und Privatleben. Die Patch-Work-Identität wird zur normalen Arbeitsbiographie, die zunehmend Elemente von Kaufverträgen annimmt: Zielvereinbarungen, erfolgsabhängige Bezahlung, Kostenbeteiligung an Weiterbildungen, Jobrotation, Arbeitszeitkonten etc. Im 21. Jahrhundert muss sich das Individuum zunehmend seinen eigenen Markt- und Börsenwert aufbauen, sich gewissermaßen kapitalisieren. „Have you been venture-capitalized", diese Lieblingsfrage unter den Jungunternehmern des Silicon Valley könnte zu einer Frage an uns alle werden.

Die Psychologie spricht heute schon vom proteischen Charakter: ein immer wandlungsfähiger, auf permanenten Wandel eingestellter Mensch, dessen Psyche zur multiplen Persönlichkeit geworden ist. Was früher ein Krankheitsmodell war, ist nun zur Aufforderung an uns alle geworden. Aber diese Flexibilität ist nur deswegen möglich, weil es in unserer Gesellschaft noch Refugien gibt, die den raschen Wandel tragen. Eine vollkommen flexibilisierte Gesellschaft ist mit Einschränkung nicht denkbar, denn der jederzeit praktizierte Wandel zerstört auf Dauer jedes ernsthafte Interesse an einer Sache.

Kultur und Arbeit.

Die Sprecher der neuen Wirtschaft setzten konsequent auf das Lustprinzip. Leistung und Spaß hieß die Parole. Insofern war die New Economy die Fusion der bürgerlichen Arbeitsgesellschaft mit der vielzitierten Spaßgesellschaft. Entscheidend ist der Wandel im Arbeitsbegriff, da Arbeit nun genau nicht mehr (wie in der Bibel) als Fluch, sondern als Privileg eingeführt wird, sie zu einer kulturellen Tätigkeit im engeren Sinne wird.

Genau diese kulturelle Seite macht die New Economy zu einem solch interessanten Laborversuch der Arbeitswelt: Das Gefühl, nicht nur seine Arbeitskraft und Intelligenz, sondern auch seinen Lebensstil und Habitus in ein Unternehmen einzubringen, ist nicht mehr nur ein latentes Gefühl, es beschreibt eine psychische Realität. Das bedeutet soviel, wie die Persönlichkeit und Subjektivität zur Disposition zu stellen und zum Gegenstand des Kommandos zu machen.

Die Start-ups forderten den Einsatz der ganzen Persönlichkeit, besonders der Mitarbeiter, eine Forderung, die aber keines Kommandos der Gründer oder Vorstände bedurfte. Das Kommando war anfangs ein neuer Geist, das Neue Denken, welches einen Menschen fordert, der optimistisch voraus geht und nicht nach dem Warum fragt. Obwohl dieses Denken im Kern flexibel ist, sich immer auf Veränderungen einstellt, wurde es mit der Krise der New Economy in Frage gestellt. Nun musste das Kommando wieder traditionell – durch Hierarchien, Arbeitspläne, Zeitkonten oder die Aufforderungen der Führungsebene – durchgesetzt werden, denn der reine Appell an den Fortschritt der Zeit und/oder des Unternehmens reichte nicht mehr.

Die Totalisierung der Arbeit, die Aufhebung der Unterschiede zwischen Arbeit und Nichtarbeit, von der New Economy und insbesondere den Startups auf die Spitze getrieben, ist durch deren Krise aber nicht grundsätzlich in Frage gestellt. Ob etwa die teilweise schon vollzogene Verschmelzung von Wohn- und Lebensraum in Stadtteilen westlicher Metropolen, von der *tageszeitung* mit „Komm nach Hause, arbeiten" treffend beschrieben, die Zukunft sein wird, bleibt offen.

Die Startups jedenfalls kreierten „Arbeiten als Lebenstil" nicht aus einem kulturlosen, leeren Raum, sondern nahmen eine gesellschaftliche Entwicklung, eine allgemeine Mentalitätsverschiebung auf, die in den letzten Jahrzehnten sukzessive stattgefunden hatte. Dieses Neue Denken, welches selbst ein ökonomisch-rationales ist, ist schon länger Teil des Zeitgeistes, aber in der New Economy fand es eine ökonomische Entsprechung. Dieser Zeitgeist akzeptiert nicht nur eine lebensbejahende Totalisierung der Arbeit, sondern weitet sie auf alle Lebensbereiche aus.

In der Logik der New Economy wird Arbeit zum Event und erhält einen besonderen, immer positiv gewendeten Charakter. Die alte Aufforderung „das muss gefeiert werden" erhält im Event noch eine Steigerung, denn selbst das Verlieren und Scheitern, das Negative wird zum optimistischen Event. Alles und jedes kann zum Event werden, völlig logisch, dass nicht nur die Freizeitgestaltung zum Event wird, sondern dass auch der Bereich der Arbeit, als eine Form des Lifestyles, verstärkt einen Eventcharakter erhält. Die Start-ups trieben nicht nur die Totalisierung der Arbeit auf die Spitze, sondern auch die Eventkultur. Ein lebendiger Ausdruck dafür sind die „After-Work"-Klubs deutscher Großstädte. Mitte 2000 wurde erstmals von kleinen Klubs in Berlin, Hamburg, Frankfurt und München berichtet, die nicht wie sonst um 22 oder 23 Uhr öffneten, sondern schon am späten Nachmittag. Den Beschäftigten der New Economy sollte damit die Möglichkeit gegeben werden nach der Arbeit noch etwas auszugehen, sich zu entspannen.

Die Tatsache, dass der Bereich der Regeneration direkt an die Arbeit angeschlossen wird, erinnert nicht zufällig an japanische Zustände. Diese neue Freizeitarbeitskultur war eine konsequente Entwicklung. Die After-Work-Klubkultur, die nicht nur Spaß und Freizeit, sondern auch Regeneration und Vorbereitung auf die Arbeit sein will, legt den Geist der Totalisierung von Arbeit völlig offen. Die Verallgemeinerung des Eventgedankens zeigte sich auf der Unternehmerseite schon recht früh, das Buhlen um Investorengelder geriet zum „Beauty-Contest" und die Treffen der New-Economy-Gründer mit Investoren wurden medienwirksam als „First Tuesday" in Szene gesetzt.

Sogar das Stigma der Arbeitsgesellschaft, der Verlust der Erwerbsarbeit, wird in der New Economy zum positiv besetzten Event. In Anspielung an die rosa Entlassungspapiere amerikanischer Firmen gab es am 30. April 2001 in Berlin die erste deutsche „Pink-Slip" Party. Nichts sollte an das harte Thema Arbeitslosigkeit, verbunden mit Scheitern, Existenzgefährdung oder gar verlieren, erinnern. „Bei Musik und Cocktails Jobsuchende und Arbeitgeber zusammenbringen", so beschrieb der Veranstalter Frank Lichtenberg das Event, denn die New Economy kennt eigentlich keine Arbeitslosigkeit oder Arbeitslose, sondern nur neue Chancen, Optionen und Job-Suchende. Letztere kamen aber kaum, und die wenigen Teilnehmer waren von neugierigen Journalisten umlagert. Diese bemerkten schnell, das sie es hier nicht mit normalen Arbeitslosen zu tun hatten, die nach Arbeitsamt und Versagen rochen. Die „Neuen Arbeitslosen" waren meist sehr jung, attraktiv und sahen sich folgerichtig auch gar nicht als Arbeitslose, sondern, wie es ein 23jähriger betonte, als „selbstständig".

Indem die Arbeit immer mehr zum Event wird, verschwindet die Äquivalenz von Leistung und Entlohnung. Eine kurze Zeit galt es als hip oder schick bei der Agentur X oder Y zu arbeiten, Lohn würde als Aktienoption sowieso wieder zurückkommen. Arbeit wird so zu einer Art Investment. D. h., bald werden wir für unsere Arbeit bezahlen dürfen, die zum Privileg werden wird.

Moderne Mythen.

Wie in jeder gesellschaftlich relevanten Bewegung finden sich auch in der New Economy religiöse Heilsversprechungen und messianische Elemente. Die Fetischisierung von Jugend und Technik brachten alle möglichen Mythen von entfesselter Geschwindigkeit, metaphysischen Welten, neuem Nomadentum, der Loslösung des Geistes in der virtuellen Welt des Internet mit sich. Für die „wahren Apologeten" des Internets war denn auch das „Vordringen der BWLer" in das Netz, die Kommerzialisierung des Internets, das eigentliche Verbrechen. Während die eine Seite vom großen Reichtum träumte, vom Aufbruch in neue Welten, gab sich der „Internet-Freak" bescheidener: Ihm ging es nur um Kommunikation. Die Open-Source-Gemeinde, um den fast schon heiligen Begriff Linux versammelt, ist die Love-und-Peace-Generation des Internets, die ökonomisch dem Modell der Gabe und nicht dem des Tausches anhängt. Hier ist das Internet ein reines Kommunikations- und Informationsmedium und nicht Medium einer auf Profit orientierten Wirtschaft. Das Internet ist für viele eine Gegenwelt, der „Dotcommunismus", wie er von manchen schon ausgerufen wurde.

Insbesondere die Metapher des Nomaden hat eine wichtige Funktion für das Menschenbild der New Economy zu erfüllen. Als Chiffre für die physische (und geistige) Beweglichkeit, als Symbol für die Loslösung von der Materialität der Welt, ist sie das projektive Identitätsbild des „neuen Menschen" in einer zunehmend global organisierten Welt. Der Internetnomade steht deshalb auch im permanenten Kampf gegen die Mächte der Beharrung und ihrer starren Ordnung. John Perry Barlow, Mitbegründer der Electronic Frontier Foundation, formulierte die Kampfansage so: „Eure gesetzlichen Konzepte von Besitz, Ausdruck, Identität, Bewegung und Zusammenhang betreffen uns nicht, denn sie basieren auf Materie, aber hier ist keine Materie."

Indem die „BWLer" der New Economy eine revolutionäre Attitüde übernahmen, suggerierten sie sich selbst, Speerspitze einer gesellschaftlichen Entwicklung zu sein. Der revolutionäre Pathos und die Erobererphantasien wurden aber in dem Maße obsolet wir die harte ökonomische Realität aus der *New* Economy eine *No* Economy machte.

Gegenkulturelle Werte.

Die Besetzung gegenkultureller Werte ist ein wichtiges Moment der New Economy. Eine Kritik der New Economy hat das Problem, ihre „eigenen" Begriffe verwenden zu müssen und vieles, was die New Economy propagierte, könnte auch aus den revolutionären 70ern stammen.

Im Zentrum der New Economy steht ein verändertes Verhältnis zu der traditionellen Auffassung von Arbeit und Freizeit, ein Thema, das sie mit der linken Alternativkultur teilt – und das ist ihr auch bewusst. Indem in der New Economy ein radikal vertretener Leistungsgedanke zum Paradigma eines glücklichen Lebens wird, verschmelzen die vormals getrennten Lebensbereiche ineinander. Von der Peripherie der Gesellschaft kommende Bewegungen wie die Alternativkultur oder die ersten Programmierfreaks der Computerbranche sind nur die Vorläufer einer heute allgemeinen Entwicklung. Die Peripherie wird dabei immer mehr vom Zentrum vereinnahmt, in dem die Abweichung selbst produktiv gewendet wird. Die einstige Gegenkultur und ihre Lebensentwürfe finden sich in pervertierter Form plötzlich als Speerspitze wirtschaftlicher Veränderungen:

„Wie die meisten wirtschaftlichen Transformationsprozesse",

so der Autor Anton Landgraf, „entwickelt sich auch die Neue Ökonomie zunächst vornehmlich aus den Nischen der Gesellschaft. Die Garagen-Unternehmer, die in Turnschuhen und T-Shirts die späteren Imperien der New Economy – wie etwa Microsoft oder Apple – begründeten, erzielten ihre Erfolge gerade durch ihre Ablehnung der traditionellen fordistischen Arbeitsorganisation, der strikten Trennung zwischen privater und beruflicher Sphäre, zwischen Konsum und Arbeit. Ihr Aufstieg basierte auf der Entgrenzung der verschiedenen Lebensbereiche, auf der Fusion von individueller Lebenswelt und betriebswirtschaftlicher Effizienz: Die Kreativität des ehemaligen Undergrounds erweist sich als eine entscheidende Ressource für die so genannte dritte industrielle Revolution."

Kreativität, Wissen, auch Abweichungen von der Norm, sind die Elemente einer Ökonomie, in der der Einzelne meint, „ganz" er selbst zu sein. Selbstsein und Profitabilität sind heute kein Widerspruch mehr. Die lebenslange Weiterentwicklung, die kreative Note, ist zur neoliberalen Forderung geworden. Erneuere dich täglich selbst – aber bitte so, dass es sich lohnt! Die Verweigerung der etablierten Normen durch die Jugendkulturen des 20. Jahrhunderts geht in der New Economy über in eine Affirmation der ökonomischen Logik, die mit revolutionärem Pathos gefüllt wird.

Mediale Inszenierung.

Die New Economy ist im wesentlichen eine mediale Inszenierung gewesen. In den Jahren 1998 und 1999 schwappte die Internetbegeisterung und in ihrem Fahrwasser die New Economy über den Atlantik. Endlich war sie da, die Story, auf die die Medien so lange gewartet hatten: „das Internet kommt". Mit emotional tragfähigen Insiderberichten über „die größte Revolution der Menschheitsgeschichte" wurde die Öffentlichkeit so intensiv begeistert, bis sie glauben musste, offline zu sein wäre dasselbe wie tot.

In kürzester Zeit wurde die New Economy zu der Superstory der Wirtschaft, denn schließlich vereinte sie in sich alles, was sich die Medien wünschten. Während die Bilder der immer etwas steifen Konzernherren oder die der Frankfurter Banker eher abstießen und Kritik an den Großkonzernen aktivierten, war die New Economy „Wirtschaft zum Anfassen". Als mediales Kontrastprogramm zu den „aalglatten" und „kalten" Managern im fortgeschrittenen Alter tauchten nun junge Männer auf, die sich Unternehmer oder Gründer nannten und die es „denen da oben" zeigen wollten. Junge Leute, leger aber adrett gekleidet, die die Ärmel hochkrempelten, im festen Glauben, den „Standort Deutschland" auszumisten. Die jungen Chefs ließen sich von ihren ebenfalls jungen Mitarbeitern kollegial duzen und bestanden auf flache Hierarchien und gute Laune. Der Kommunikationsberater Richard Schütze behauptete zu dieser Zeit sogar: „Wirtschaft sei zurzeit das Spannendste, was Journalisten ihrem Publikum zu bieten hätten; politische Ideologien und ihre Helden hätten abgedankt."

Die New Economy, die über die Geschichten der ersten Start-ups 1999 und Berichten über Intershop und Pixelpark in die Medien gelangte, begegnete uns auf den Wirtschafts- und, anfangs sogar häufiger, auf den Gesellschafts- und Kulturseiten großer Zeitungen. Während die Start-ups junge, frische Leute, ob Gründerclique oder Mitarbeiter, zeigten, die ihr „Ding"

machen wollten und Geschichten von Engagement und Jugend-
lichkeit erzählten, boten größere New-Economy-Unternehmen
sogar kleinere Stars wie Stefan Schambach (Intershop), Paulus
Neef (Pixelpark), Peter Kabel (Kabel New Media) oder Thomas
Haffa (EM.TV) an. Wirtschaft und damit verbunden Unterneh-
men oder die Börse können einem Massenpublikum nur als
„Economic Soap" verkauft werden, die nach Stars und Helden,
Erfolg und Misserfolg, verlangt. Die New Economy war mehr
Story als Wirtschaft.

Der danach folgende Niedergang des Neuen Marktes und die
ökonomischen Probleme der New Economy fand in den Medien
– von den sinkenden Börsenkursen abgesehen – nur ein geringes
Echo. Der Grund für das mediale Desinteresse mag einerseits in
der Desillusionierung des gesamten Themas Wirtschaft durch
den Niedergang der Börsen und den damit verbundenen Kapital-
verlust der Aktienbesitzer und andererseits in dem simplen
Verlust der Neuartigkeit liegen, ein weiterer Börsenhype wäre
medial – in der Sprache der New Economy, die inzwischen auch
nur noch ironisch zitiert werden kann - nur ein „Second Mover",
aber einer ohne „Advantage".

Zusammenfassung.

Das sind nicht alle Linien und Themen, die auf die New Economy
zulaufen. Ich nenne kurz nochmals die Wesentlichen: ein neues
Unternehmertum und ökonomischer Erfolg, Kritik am Staat und
Altvertrautem, Flexibilität, Technikaffinität, Jugendkult, Selbst-
verwirklichung in der Arbeit. Darüber hinaus lieferte die New
Economy die Folie für politisch und medial instrumentalisierba-

83

re Themen wie Leistung, Jugend, Technik+Fortschritt. Aber es fokussierten sich noch weitere Themen in der New Economy: gegenkulturelle Strömungen, Heilsversprechungen, moderne Mythen von Geschwindigkeit, Metaphysik, der Loslösung des Geistes in der virtuellen Welt des Internet. Und nicht zu vergessen war die New Economy der Beginn einer „Aktienkultur" in Deutschland.

Aber es gab auch von Anfang an berechtigte Kritik: Die vielzitierte Globalisierung die mit der New Economy Wirklickeit werden sollte, wurde mit neuen Spaltungslinien quer durch unsere Gesellschaft in Verbindung gebracht bzw. mit der Abtrennung ganzer Weltgebiete von der schönen, neuen Informationswelt. Die aufgeblähte Börsenkapitalisierung vieler Firmen der New Economy blieb ebenso nicht unkommentiert.

In unserem Buch sind viele dieser Aspekte behandelt oder zumindest angesprochen. Der Schwerpunkt unserer Argumentation liegt aber auf den im weitesten Sinne kulturellen und psychischen Verschiebungen, da wir die New Economy weniger als eine neue Form der Ökonomie denn als eine „mentale Revolution" verstehen. Die New Economy war eine Antwort auf die Krise der Arbeitsgesellschaft, die mit ihr in ein neues Stadium, nicht der Wertschöpfung sondern der Identitätsbildung getreten ist. Nachdem sie ökonomisch in eine Krise geführt hat, stellt sich die Frage, was jenseits der Börsen- und Firmenzusammenbrüche von der New Economy übrig geblieben ist.

Wichtig scheinen uns die neuen psychischen Dispositionen, die Aufforderung an jede/n Einzelne/n von uns, sich selbst als eine Art von Kapital oder Ressource zu betrachten. Begriffe wie „Risiko" und „Flexibilität" aber auch „Ich-Unternehmer" oder „Ich-Aktionär" erscheinen in unserem Buch als Schlüsselbegriffe für einen globalen Kapitalismus, der versucht die „ganze Person", in sein ökonomisches Handeln zu integrieren und uns diese Ganzheit als neue Freiheit verkauft. Die New Economy reflektiert insgesamt ein neues Verhältnis von Arbeit, Identität und Freiheit. Genau deshalb müssen die Auswirkungen ihrer Prinzipien auf unser aller Leben weiter beobachtet werden.

Endnoten

1   Meschnig, Alexander und Mathias Stuhr, www.revolution.de. Die Kultur der New Economy, Hamburg 2001

Was will die Wirtschaft von der Kunst?

Wolfgang Ullrich

„Auf Ähnlichkeiten achten nur die Banausen." Dieser Satz stammt von einem Künstler, allerdings von keinem besonders guten, der dafür das Glück hat, nur als Romanfigur zu existieren. In Vladimir Nabokovs Roman *Verzweiflung* (1932) spricht er ihn aus Ärger darüber, dass sein Modell, ein Schokoladenvertreter, pingelig allein darauf sieht, ob die entstehende Zeichnung seine Gesichtszüge genau wiedergebe.[1] Im weiteren Verlauf des Romans erweist sich diese Bemerkung noch als Schlüsselsatz, da jener Schokoladenvertreter mit seiner auch sonst starken Neigung, Ähnlichkeiten zu suchen, in eine fatale Situation gerät: In einem Landstreicher glaubt er einen Doppelgänger von sich zu erkennen, was ihn auf die Idee eines Versicherungsbetrugs bringt. Nachdem er das vermeintliche Double umgebracht und mit seiner eigenen Kleidung ausstaffiert hat, hofft er, dass seiner Gattin die Lebensversicherung ausbezahlt wird, was beiden ein sorgenloses neues Leben im Ausland eröffnen würde. Doch machen sich die Zeitungen schon bald darüber lustig, dass es nur selten einen vergleichbar dumm-dreisten Betrugsversuch gegeben habe – viel zu groß seien die physiognomischen Unterschiede zwischen dem Schokoladenvertreter und dem Landstreicher gewesen, um beide miteinander verwechseln zu können.

Im Folgenden sei behauptet, dass Wirtschaft und Kunst gegenwärtig in einer Beziehung zueinander stehen, die an das Verhältnis zwischen dem Schokoladenvertreter und seinem Opfer, dem Landstreicher, erinnert. Vorderhand nimmt die Wirtschaft dabei natürlich die Rolle des Schokoladenvertreters ein, auch wenn sie es nicht unbedingt auf einen Versicherungsbetrug abgesehen hat. Merkwürdig und vielleicht sogar etwas dubios ist jedoch das starke Interesse an der Kunst, das Unternehmer und Manager immer wieder an den Tag legen – und vor allem das Bestreben, gerade Ähnlichkeiten zwischen sich und Künstlern entdecken zu wollen. Jedenfalls lassen Äußerungen in Tätigkeitsberichten, Katalogvorworten und erst recht in Sonntagsreden keine Zweifel, dass es Führungskräften ernst damit ist, Kunst und Wirtschaft in ein enges Verwandtschaftsverhältnis, geradezu in eine Schicksalsgemeinschaft zueinander zu bringen. So heißt es etwa, dass die Nähe der Banken zur bildenden Kunst „wesensmäßig" sei [2], und wahlweise wird der Freiheitsdrang, die Kreativität oder die Risikofreude als das Gemeinsame von Kunst und Wirtschaft ausgegeben.

Oft sind sich die Autoren solcher Statements bewusst, dass es in manchen Kreisen (etwa bei kritischen Intellektuellen) ein wenig frivol und begründungspflichtig erscheint, Kunst und Wirtschaft so selbstverständlich ineinszusetzen. Doch werden die Vertreter der Wirtschaft von Art Consultants, Galeristen und selbst Kunstkritikern immer wieder darin bestätigt, in der Kunst ihr Pendant zu erkennen, und seit einigen Jahren finden es umgekehrt auch etliche Künstler interessant, mit einer Familienähnlichkeit zur Wirtschaft zu kokettieren. Man denke nur an die vielen Start-up-ähnlichen Projekte der letzten Jahre, bei denen nicht mehr zu unterscheiden ist, ob es sich um profitorientierte Firmengründungen oder künstlerische Interventionen handeln sollte. Daran zeigen sich auch bereits Grenzen des Vergleichs zwischen Nabokovs Roman und dem Verhältnis von Wirtschaft und Kunst: Künstler sind heutzutage gewiss nicht nur Opfer, wenn sie zu Doubles der Bosse erklärt werden.

Geht man dieser allseits proklamierten Verwandtschaft von Kunst und Wirtschaft nach, interessiert vor allem, ob es sich hierbei nicht eher um bloße Adoptionsverhältnisse und Blutsbrüderschaften – oder gar (im Sinne des Eingangszitats) um ein Musterbeispiel von Banausie handelt. Gegen einen derart bösen Verdacht scheint zu sprechen, dass mittlerweile selbst die Wissenschaft die Gemeinsamkeiten von Kunst und Wirtschaft voraussetzt. So haben etliche Ökonomen an ihren Lehrstühlen Forschungsprojekte über „Kunst im Unternehmen" gegründet, deren Ziel es ist, die betriebswirtschaftliche Relevanz von Kunst zu evaluieren. Und namhafte Professoren aus Philosophie, Kunstgeschichte und Volkswirtschaft starteten 2001 ein ehrgeiziges Vorhaben unter dem Titel „Wirtschaftskultur durch Kunst", in dessen Exposé „konstruktive Wechselwirkungen (...) von bisher nicht ermessener Tragweite" zwischen Kunst und Wirtschaft versprochen werden. Dabei unterstellen die Wissenschaftler sogar, dass die Kunst der große Bruder (und nicht der arme Neffe) der Wirtschaft ist, von dem diese viel profitieren kann. Immerhin wird als Ziel des interdisziplinären Projekts formuliert: „Neue Ansätze, Wirtschaft durch Kunst zu entwickeln und zu treiben, sollen erforscht und ihr Potential zur Steigerung des Unternehmenswerts verfügbar gemacht werden".[3] Das bedeutet: Die Kunst soll die Wirtschaft nicht etwa nur kritisch reflektieren oder Manager über ihr eigenes Tun 'aufklären', sondern ihr wird zugetraut, als eine Art von Motor oder Raffinerie zu wirken – als Instanz, die ökonomische Prozesse aktiviert und optimiert. Nicht mehr Kunstförderung von seiten der Wirtschaft, sondern Wirtschaftsförderung von seiten der Kunst ist also die Perspektive, unter der das Verhältnis von Kunst und Wirtschaft hier betrachtet wird!

In einer anderen einschlägigen Publikation wird entsprechend bedauert, dass „die Affinität von Kunst und Geschäftsleben bisher noch nicht richtig thematisiert, geschweige denn tief genug bedacht worden" sei, könnte doch „das Nutzenpotential des Kunsteinsatzes im Unternehmen (...) erheblich gesteigert werden (...), wenn der Affinitätsgedanke mehr Beachtung fände".[4] Also: Nur wer die angeblichen Ähnlichkeiten zwischen Kunst und Wirtschaft ernst nimmt und berücksichtigt, kann beide auch zu einer Symbiose bringen, deren Erfolg aber ausschließlich in ökonomischen Kategorien gemessen bzw. danach beurteilt wird, inwieweit es ein Erfolg für die Wirtschaft ist.

Es mag schmeichelhaft für die Kunst klingen, so große Fähigkeiten, ja ökonomische Relevanz zugesprochen zu bekommen; für manchen handelt es sich dabei jedoch um ein vergiftetes Kompliment. Je mehr es nämlich darum geht, die betriebswirtschaftliche Rentabilität der Kunst zu beweisen, desto weniger dürfte bei Unternehmen die Bereitschaft bestehen, weiterhin mäzenatisch oder auch nur als Sponsoren aufzutreten. Anstatt einen Künstler oder eine Sparte wohlwollend zu unterstützen (was freilich immer auch den Charakter von Willkür besaß) und anstatt Kunstförderung rein repräsentativ, aus Imagegründen, zu betreiben, sind die Ansprüche in den letzten Jahren gestiegen: Immer häufiger findet sich die Erwartung, Kunst tiefer in die Unternehmensabläufe implementieren zu können, was nicht heißt, dass sie zu Auftragskunst werden muss, was aber bedeutet, dass sie künftig eventuell nur noch zugelassen ist, wenn auch die Controller der Überzeugung sind, dass sie sich rechnet. Sich 'einfach so' kulturell zu engagieren, erscheint in einem Klima, das der Kunst jenen positiven betriebswirtschaftlichen Einfluss zuspricht, hingegen als unternehmerische Naivität, die sich niemand gerne nachsagen lässt. Etliche Firmen teilen daher ganz selbstverständlich – nicht zuletzt zur Beruhigung misstrauischer Aktionäre – mit, dass ihr Interesse für Kunst und Kultur „wie jede unternehmerische Maßnahme (...) vorrangig das Ziel verfolgt, zum wirtschaftlichen Erfolg des Unternehmens beizutragen." Alles andere sei „Irrtum oder Illusion".[5]

Angesichts solcher Verlautbarungen, die der Kunst eine Rolle zuweisen, welche ungefähr der eines Unternehmensberaters entspricht, erführe wohl jeder neugierige oder auch skeptische Zeitgenosse gerne etwas genauer, wie die Bilder, Skulpturen oder Projekte eigentlich ihre betriebsinterne Arbeit vollbringen und einen Unternehmenswert steigern. Was passiert da genau im Umgang mit der Kunst? Welche Art der Rezeption ist verlangt? Gibt es einzelne Künstler, deren Werke besonders effizient wirken? Und am liebsten läse man sogar Fallbeispiele: Welches Gemälde hat einem Manager bei der Entscheidung geholfen, was für Fusionen er anbahnen oder wie viele Mitarbeiter er entlassen soll? Welche Skulptur hat einen Chefentwickler zu einer neuen Produktidee inspiriert? Welche Druckgraphik hat auch nur den Stress eines leitenden Angestellten gemindert, als dieser gerade wieder von eiligen Terminarbeiten überfordert war?

Diejenigen, die die wirtschaftsfördernde Funktion der Kunst behaupten, werden einem so konkret Fragenden mit dem Vorwurf antworten, er sei in schnödem Kausaldenken befangen und akzeptiere nur, was sich objektiv beweisen lasse. Entscheidungs- oder Ideenfindungsprozesse, aber auch die Komponenten des Wohlbefindens seien jedoch so komplex, dass sie nie auf simple Faktoren reduziert werden könnten.

Dem ist beizupflichten, doch käme auch niemand auf solche Fragen, suggerierten nicht zahllose Statements von Unternehmen oder Art Consultants, Kunst wirke wirklich ganz direkt und nachprüfbar. So wird sie als „Trainingsstoff" deklariert, dessen Qualität „in der Verbesserung des Zusammenspiels emotionaler und rationaler Kompetenzen von Mitarbeitern", in der Entwicklung einer „besseren Zusammenarbeit der beiden Gehirnhälften" bestehe.[6] Oder man lobt an der Kunst, dass „ihre antizipierende Kraft und ihre gestalterische Fähigkeit außerhalb vorgegebener Ordnungsprinzipien (...) sie der Zukunftsforschung oder -planung in Unternehmen (...) an die Seite [stellt]".[7] (Eine solche Aussage bestätigt im Übrigen die These, dass Kunst als Variante von Unternehmensberatung angesehen wird, als Pendant vor allem zur Trendforschung.) Ferner wird verwiesen auf „das tatsächliche beobachtbare Verhalten der [Mitarbeiter] während und nach dem Kunstkontakt, welches sich in eigenen Kreativitätsschüben, Diskussionen über Kunst, einer gefestigten Unternehmenskultur oder auch Protestschreiben äußern kann".[8]

Ein solch breites Spektrum an Reaktionen sollte eigentlich misstrauisch machen, was den unternehmerischen Nutzen der Kunst anbelangt: So vorteilhaft ein Kreativitätsschub sein mag, so wenig bringt es, wenn Mitarbeiter gegen die Bilder opponieren, die man in ihre Zimmer oder die Gänge hängt. Doch die Kunstverfechter sehen dies offenbar anders: Für sie ist jede Reaktion gleichermaßen ein Gewinn, nämlich Beleg dafür, dass etwas aufbricht oder angestoßen wird. Dahinter verbirgt sich – unausgesprochen, aber unbezweifelbar – die Vorstellung, jede Konvention, jeder eingefahrene Prozess, ja der Betriebsalltag 'an sich' sei etwas Schlechtes, jede Abwechslung oder Störung hingegen *a priori* als Verbesserung zu begrüßen. Damit macht man es sich jedoch sehr einfach und annuliert kurzum die sonst selbstverständliche Unterscheidung zwischen qualifizierten Anstößen und bloßen Ablenkungen, zwischen fruchtbaren Impulsen und lästigen Irritationen.

Manchmal liest es sich sogar zynisch, wenn sich die für ein Kunstprogramm Verantwortlichen noch damit brüsten, dass Mitarbeiter ein Werk oder eine Aktion als Provokation empfinden und sich davon gestört fühlen. So wurde ein Kollege, dem ein Wandbild von Rupprecht Geiger in der Kantine zu grell war und der diesen Ort deshalb wegen physischen Unwohlseins meiden musste, mit einem „kunsthistorischen Aufsatz" beschieden, in dem ausgeführt war, dass man die Farbwirkung „an Haut und Haaren spüren" müsse.[9] Man könnte hier durchaus darauf kommen, Kunstmaßnahmen als Variante von Machtausübung zu beschreiben, die dazu dient, die Angestellten einzuschüchtern und gefügig zu machen, oder die umgekehrt für die Chefs in dem Vergnügen besteht, ihre Untergebenen als Kunstbanausen zu verspotten. Man braucht aber auch nicht so weit zu gehen, kann sich dann aber immer noch wundern, dass die Unzufriedenheit von Mitarbeitern gutgeheißen wird, wenn Kunst sie verursacht. Beschwerte sich derselbe Kollege darüber, dass es in der Kantine zieht, würde er wohl kaum mit einer Fachabhandlung vertröstet, die den Wert von frischer Luft beweist. Erst recht würden keine Obdachlosen oder Bettelmusikanten geduldet, die den Mitarbeitern während des Mittagessens ihrerseits etwas Abwechslung – und vielleicht sogar ein bisschen Provokation – bescherten.

Während sonst also genau zwischen erwünschten und unerwünschten Formen der Irritation differenziert wird, heißt man im Fall der Kunst (und übrigens nur in ihrem Fall) alles gut. Das aber bedeutet, dass eine geradezu uneingeschränkte Heilserwartung gegenüber der Kunst besteht – und damit der Glaube, von ihr ausgehende Wirkungen seien nützlich, selbst wenn sie als unangenehm empfunden werden. Kritik, die ein Skeptiker an einzelnen Werken üben wollte, lässt sich auf diese Weise einfach ausbremsen, denn sogar Missmut kann noch als eine Reaktion interpretiert werden, die letztlich Positives freisetzt. Bekanntlich schmeckt auch nicht jede Medizin gut, und wo gehobelt wird, fallen Späne.

Was aber versetzt die Kunst in diese privilegierte Stellung, dass sie nicht anders kann, als jedem zu helfen, der ihr ausgesetzt ist? Vielleicht muss man diese Frage etwas differenzieren, da sich Unternehmen ja nicht für jede Art von Kunst gleichermaßen interessieren. Vielmehr scheint sich die bildende Kunst am besten zur Wirtschaftsförderung zu eignen, wird sie doch häufiger als Musik, Theater, Essayistik, Lyrik oder Film nachgefragt. Was aber macht sie nützlicher? Und wieso geben Unternehmen das meiste Geld (immer noch) für abstrakte Malerei aus? Was ist deren Vorzug gegenüber allen anderen Formen bildender Kunst (auch gegenüber nicht-zeitgenössischer)? – Solche genauen Nachfragen mögen Vorstandsmitglieder, Pressesprecher und Art Consultants nicht sehr gerne; höchstens auf die letzte Frage findet sich gelegentlich eine Antwort, die die Vorliebe für abstrakte Kunst historisch begründet: Da sie gerade in den Jahren nach dem Zweiten Weltkrieg den Aufbruch zu neuen Ufern und ein Bekenntnis zu Freiheit und Autonomie signalisiert habe, entspreche sie dem unternehmerischen Plädoyer für freie Marktwirtschaft und progressives Denken. Solche pathetischen Vergleiche beschwören jedoch wiederum nur eine enge Verwandtschaft von Kunst und Wirtschaft, ohne zu erklären, wie genau jene dieser zunutze sein könnte.

Dass dies auch sonst nirgendwo stattfindet, ist freilich ebenfalls aussagekräftig und lässt sich, etwas polemisch, folgendermaßen interpretieren: Eine hinreichende Erklärung unterbleibt, da gar keine entsprechend eindeutigen Erfahrungen mit einzelnen Kunstwerken vorliegen. Anstatt von bestimmten Werken oder konkreten Künstlern auszugehen, nährt sich die Schwärmerei über Kunst in der Wirtschaft vielmehr vom bloßen Begriff der Kunst. Wer als Unternehmer oder Manager auf Kunst setzt, ist von ihr 'als solcher' eingenommen, und der Blick auf Bilder, Skulpturen oder Aktionen ist a priori von Assoziationen bestimmt, die die Vokabel 'Kunst' auslöst. Deshalb fallen die Formulierungen über Kunst in Unternehmen auch so pauschal und generalisiert aus; sie wiederholen einen Tugendkatalog endlos und in geringen Varianten.

Damit sei nicht behauptet, dass die Unternehmer und Manager, die sich für Kunst stark machen, die Werke, die sie in ihrer Umgebung haben, nicht genau anschauen (wenngleich man bei der Lektüre einiger wissenschaftlicher Arbeiten über den betriebswirtschaftlichen Wert von Kunst durchaus zu der Auffassung gelangen kann, die Kunstkenntnis der Autoren sei sehr mangelhaft); erst recht sei nicht unterstellt, es handle sich hier eigentlich um verkappte Kunsttheoretiker, die, begriffsverliebt, der Ideengeschichte der Kunst verfallen seien und deshalb lieber von der Kunst 'an sich' als von einzelnen Werken und deren Wirkungen sprächen. Nein, gerade weil sie keine Kunsttheoretiker sind und den Eigenheiten des Kunstbegriffs kaum einmal nachspüren, glauben sie vielmehr relativ naiv alles Schöne über die Kunst, was sie in Katalogen lesen, von

Consultants gesagt bekommen und immer schon so ähnlich bereits in der Schule oder in einem bildungsbürgerlichen Milieu gehört haben. Sobald ein Werk zum Bild, ja zum Image von Kunst zu passen scheint und deren Begriff gut sichtbar zu repräsentieren verspricht, wird es also gerne gekauft. Wenn ein Gemälde z. B. gestisch-expressiv und bunt gemalt ist, kann man es als authentisch, echt oder kompromisslos beschreiben – dies alles Eigenschaften, die der Kunst attestiert werden und von denen man glaubt, dass sie auf denjenigen übergehen können, der sich seinerseits mit Kunst beschäftigt. Ist eine Zeichnung skizzenhaft angelegt, hastig entstanden, auf kariertem Papier fixiert und mit Eselsohren oder gar Kaffeeflecken versehen, signalisiert das Impulsivität, Vitalität, ja geradezu Genialität, die sich um Begleitumstände nicht kümmert; auch das gilt wiederum als typisch für die Kunst, und zugleich wird auf deren 'ansteckende' Kraft gesetzt – bzw. darauf, dass ein ohnehin bereits vorhandenes Potential (jene Affinität bzw. Ähnlichkeit des Managers zum Künstler) durch sie geweckt wird.

Dabei eignen sich Gemälde oder Skulpturen besser zur Vergegenwärtigung der Kunst 'an sich' als ein Roman, Film oder Musikstück, sind sie doch sichtbar, materiell anwesend und damit oft plakativ. Dies erklärt auch die Vorliebe der Unternehmen für bildende Kunst. Sie fungiert als *pars pro toto*, als – geradezu fetischisierbare – Verkörperung jener besten Eigenschaften, die der Kunst im allgemeinen zugesprochen werden und die im Verlauf der letzten rund 250 Jahre von Philosophen, Kritikern und Künstlern in einem großen, Generationen übergreifenden Teamwork definiert und immer wieder aktuell reformuliert wurden. (Schon im 18. Jahrhundert waren es mit griechischen Skulpturen bzw. ihren Abgüssen materielle Werke der bildenden Kunst, die

die Entwicklung des Kunstbegriffs am meisten stimulierten.) Die Meldung, Kunst steigere den Unternehmenswert, motiviere Mitarbeiter, trage zur Leistungsfähigkeit eines Unternehmens bei und habe prognostische Fähigkeiten, stellt somit auch nur die neueste Reformulierung des Begriffs 'Kunst' dar. Wie man im späten 18. Jahrhundert und in der Romantik meinte, Kunst hebe die Entfremdung auf, wie das späte 19. Jahrhundert in der Kunst Erlösung von einer in Partikularinteressen zerfallenden Welt suchte, wie das frühe 20. Jahrhundert die Kunst als den einzigen Ort ansah, der Ausnahmezustand, Intensität und Revolution verheißen konnte, wie nach dem Zweiten Weltkrieg die Hoffnung bestand, die Menschen könnten durch die Kunst zu besseren Demokraten werden – so vertritt man eben jetzt die Position, Kunst sei eine gute Investition, um Unternehmen flexibler und kreativer zu machen. Tatsächlich wurde nach der Kunst immer dort am lautesten gerufen, wo gerade gesellschaftliche Brennpunkte waren. So ist sie der *deus ex machina* der Moderne und lässt sich wahlweise als Joker, Retter in der Not oder Breitbandtherapeutikum beschreiben.

Da die Kunst in verschiedenen Phasen jeweils für anderes als Projektionsfläche sowie als Gegenstand großer Hoffnungen zu dienen hatte, reicherte sich ihr Begriff auch mit jeweils anderem Vokabular an, was wiederum ihren (vermeintlichen) Wert steigerte: In der Romantik lud sich der Kunstbegriff mit Denkfiguren der Religion auf, ja die Kunst wurde sakralisiert, um überhaupt als Verheißung für Erlösungsphantasien gelten zu können. Zur letzten Jahrhundertwende profitierte die Kunst von darwinistisch-biologistischen Denkweisen sowie vom Nimbus des Militärs und einer Sprache der Gewalt, was sie erst zur Avantgarde und revolutionären Kraft formte. In der Mitte des 20. Jahrhunderts adaptierte sie Sprechweisen – und damit auch Ansprüche und Hoffnungen – aus der Wissenschaft, womit sie zu einem bevorzugten Ort der Wahrheit werden konnte. Gegenwärtig nun integriert der Kunstbegriff gerade das Vokabular und die Denkweisen der Ökonomie und erscheint damit auf einmal als besonders dynamisch und zum immer unsicheren, zukunftsoffenen Geschäft der Wirtschaft passend. Jeweils hat die Kunst sich also um einen Jargon bereichert, der gesellschaftlich gerade besonders relevant war, ja auf den sich die öffentliche Auseindersetzung konzentrierte. Dank der Übernahmen blieb die Kunst selbst jeweils immer zentral; allen Wertewandeln zum Trotz war es immer sie, an die wieder besondere Erwartungen gestellt wurden.

Man könnte hier auch von einer Gefräßigkeit des Kunstbegriffs sprechen, der fortwährend neue Leitvokabeln vereinnahmte. Diese Gefräßigkeit korrespondiert dabei auf interessante Weise der Gefräßigkeit des Kunstbetriebs, der immer wieder Neues und anderes zur Kunst erklärt und sich damit am Leben und bei Kraft erhält. Das Prinzip 'Ready made' ist also die Entsprechung zur sukzessiven Reformulierung des Kunstbegriffs mit jeweils neuen Vokabularen und Diskursen. Diese Aufnahmefähigkeit von Kunst und Kunstbegriff kann Ausdruck von Stärke und Schwäche zugleich sein. Ersteres, weil die Kunst sich auf diese Weise aktuell erhält, immer Wichtigkeit postulieren kann und auch Flexibilität an den Tag legt; zweiteres, weil sie Moden willig zu folgen bereit ist und sich – wenigstens ein Stück weit – auch jeweils von dem erobern lässt, nach dem sie sich orientiert. Was Beleg ihres Hungers auf neue Kontexte und was eher Zeichen für einen Mangel an Widerstandskraft gegenüber Fremdimpulsen ist, ist nicht unbedingt zu entscheiden.

So sind es eben auch nicht nur die Unternehmer und Manager, die sich von der Kunst viel erhoffen und sie gar zum Motor der Wirtschaft erklären, sondern umgekehrt suchen (wie angedeutet) auch etliche Künstler die Nähe zur Wirtschaft und übernehmen von dort Inszenierungsformen, Themen, Sprechweisen oder Geschäftsmodelle. Das Ökonomische ist gegenwärtig so attraktiv, dass Künstler sich damit wie mit einem Statussymbol schmücken wollen. Wie sie sich zu anderen Zeiten als Priester, Revolutionäre oder Wissenschaftler ausgaben, bestimmt ihr Selbstbild nun die Figur des Managers oder Unternehmers. Daher wäre es verkürzt, die neue Liaison zwischen Kunst und Wirtschaft nur als Usurpationsversuch von seiten der letzteren zu deuten; vielmehr hat jede Partei ein Interesse an der jeweils anderen, und wie sich Unternehmer gerne mit Kunst umgeben, um in deren Aura zu glänzen, versprechen sich auch Künstler etwas davon, wenn sie mit smartem Auftreten, Börsenvokabular oder Business-Plänen verblüffen.

Allerdings sind viele Wirtschaftsleute gar nicht sonderlich erfreut, wenn Künstler auf einmal Formen aus ihrer Welt übernehmen – so wie sich umgekehrt Künstler oft ausgenützt fühlen, wenn man ihre Werke allzu selbstverständlich in die Corporate Identity eines Unternehmens integrieren will. Jede Seite bemerkt bei den Übernahmen von seiten der jeweils anderen mangelnde Kenntnis und Professionalität und ist entsprechend etwas desillusioniert. Dabei hat vor allem die Kunst an Reputation zu verlieren: Da sie gerade von Unternehmern und Managern 'an sich' sehr hochgeschätzt wird, finden diese es enttäuschend, wenn sie sich ihrer Welt zu sehr annähert, da sie dann plötzlich zu vergleichbar – und damit profan – wird; im Verhältnis zu den Dimensionen größerer Firmen kann ohnehin nur ziemlich mikrig und gebastelt erscheinen, was Künstler an Start-up-

Versuchen, Wirtschafts-Mimikry oder Adaption ökonomischer Strategien unternehmen – abgesehen davon, dass all das nicht so plakativ, fetischisierbar und fotogen ist wie ein Gemälde oder eine Skulptur. So sehr die Wirtschaftswelt zwar ihre Ähnlichkeit zur Kunst beschwört, so mißtrauisch reagiert sie also, wenn die Kunst sich ihrerseits ihr anähnlichen will.

Dann wird eventuell sogar deutlich, dass der Wunsch von Unternehmern und Managern, ihr Metier als ähnlich der Kunst auszugeben, daraus entsteht, dass man die Kunst eigentlich auch als das 'ganz Andere', das Exotische, Ausgefallene – und damit Geheimnisvolle, Unergründliche – empfinden will. Ihren Nimbus erhielt sie im Verlauf der Geschichte ohnehin weniger dadurch, dass man ihr attestierte, Bestimmtes besser zu können als andere Branchen, sondern eher dadurch, dass man sie als das grundsätzlich Differente, Fremde pries – als sei sie in irdischen Kategorien gar nicht recht fassbar. Erst dieser Sonderstatus machte die Kunst zu einem attraktiven, viel versprechenden, die Phantasie stimulierenden Gegenüber oder Partner – und verführte entsprechend immer wieder dazu, mit einer Ähnlichkeit zu ihr liebzuäugeln, lockt doch das 'Andere' und Fremde am meisten zur Identifikation.

Zu bemerken ist diese paradoxe Verschränkung von Ähnlich-keits-Postulat und Faszination an der Fremdheit wiederum in Verlautbarungen von Unternehmensseite oder Art Consultants. Beispielsweise beschäftigt sich ein Unternehmen nach eigener Aussage mit Kunst, um „mit selbstähnlichen, zugleich unvergleichbaren und fremden Welten eigene Horizonte zu erweitern".[10] Nichts ist verräterischer als ein solches 'Zugleich', mit dem gekittet werden soll, was sich nur schwer kitten lässt. So ist man einerseits zu eitel, um auf die Unterstellung einer Ähnlichkeit zur Kunst verzichten zu wollen, möchte aber andererseits die Aura des 'Unvergleichbaren' genießen. Immerhin erscheint das Unternehmen, das sich zu solchen Formulierungen versteigt, damit selbst relativ unvergleichlich.

Eine solche *coincidentia oppositorum* ist erstaunlich oft in der Geschichte des Kunstbegriffs anzutreffen und vielleicht der beste Beleg für eine Begriffsverzückung, ja dafür, dass gerade auch das heutige Engagement der Wirtschaft für die Kunst vor allem von deren Begriff, kaum aber von bestimmten Werken und deren spezifischer Wirkung angeregt wird. Die Kunst ist also gleichermaßen das Ähnliche wie das 'Andere'. Bezogen auf die von ihr erhoffte Wirkung heißt das, dass ein homöopathisches und ein allopathisches Konzept untrennbar – und unsauber – miteinander verschmelzen. Wären all die Statements über die Erfolge der Kunst in Unternehmen auch nur ein wenig erfahrungsgrundiert, wäre eine solche Indifferenz nicht denkbar und es gäbe etwa zwei klar voneinander getrennte Schulen, deren eine auf Stimulation durch Unterstützung setzte, während die andere den Effekt von Irritation, Provokation und Konfrontation beschwören würde. Ein Streit zwischen solchen Schulen wäre erfrischend, unumgänglich wäre dann aber auch, dass die Protagonisten mit konkreten Erfolgsfällen und Paradebeispielen aufwarten, um die Öffentlichkeit von der Richtigkeit ihrer Thesen zu überzeugen. Es gibt diesen Streit deshalb nicht, weil er allen zusammen das Spiel verdürbe. Es ist so schön, von der Kunst zu schwärmen und sich von diversen Gedanken an und über sie trösten zu lassen, dass man nicht durch die Untersuchung der Wirkung einzelner Werke darin gestört werden möchte, um schließlich gar noch zu riskieren, gemeinsam enttäuscht zu werden. Dann nämlich, wenn die Kunst weder in ihren Ähnlichkeiten noch in ihren

Differenzen zur Wirtschaft sonderlich viel Einfluss auf diese zu nehmen vermag.

Darin liegt auch die größte Gefahr einer ökonomischen Reformulierung des Kunstbegriffs, macht sie die Kunst doch besonders angreifbar. Sobald diesen verheißungsvollen Aussagen nämlich nicht mehr geglaubt wird, sobald sich Wirtschaftswissenschaftler oder maßgebliche Experten vielleicht auch von einem anderen Kandidaten – einem anderen Paradigma von Unternehmensberatung – mehr versprechen als von der Kunst, dürfte diese rasch abserviert werden. Ihre Fallhöhe ist groß, nachdem sie in den letzten Jahren so hoch gelobt wurde, und es ist nicht auszuschließen, dass die vielen Äußerungen von Consultants, Wissenschaftlern, Unternehmern und Künstlern, die heute noch das gute Verhältnis zwischen Kunst und Wirtschaft beschwören, schon bald genauso als Farce erscheinen werden wie die fixe Idee jenes Schokoladenvertreters bei Nabokov, er könne seine Zukunft auf den Glauben an eine Ähnlichkeit bauen.

Weiterführende Literatur:

Wolfgang Ullrich, Mit dem Rücken zur Kunst. Die neuen Statussymbole der Macht, Berlin 2000.

Wolfgang Ullrich, Tiefer hängen. Über den Umgang mit der Kunst, Berlin 2003.

Endnoten

1   Vladimir Nabokov, Verzweiflung, Reinbek 2001, S. 58.
2   Hilmar Kopper, Die Bank lebt nicht vom Geld allein, München 1997, S. 57.
3   Michael Bockemühl/Birger Priddat/Jörn Rüsen/Pierre Guillet de Monthoux/Gernot Böhme (Hgg.), Exposé 'Wirtschaftskultur durch Kunst' (2001), S. 3, 6.
4   Günter Silberer/Bernd-Holger Köpler/Jens Marquardt, Kommunikation mit Kunst im Unternehmen, Frankfurt/Main 2000, S. 74.
5   Christiane Zentgraf, „Kulturkommunikation als Unternehmenskommunikation. Das Beispiel BMW", in: Andreas Grosz/Daniel Delhaes, Die Kultur AG, München 2000, S. 212.
6   Johannes Terhalle, „Kunst in Unternehmensberatung und Personalentwicklung", in: Grosz/Delhaes, a. a. O., S. 124.
7   Elisabeth Wagner, Kunstszenarien in Unternehmen, Berlin 1999, S. 36.
8   Silberer/Köpler/Marquardt, a. a. O., S. 183.
9   Daniel Delhaes, „Die Kraft der Farben. Das Siemens Kulturprogramm", in: Grosz/Delhaes, a. a. O., S. 168.
10 Kunstkonzept der BMW AG, zit. nach: Zdenek Felix/Beate Henschel/Dirk Luckow (Hgg.), Katalog 'Art & Economy', Ostfildern 2002, S. 208.

Der anarchistische Manager. Figurationen radikaler Bürokratiekritik

Ulrich Bröckling

In ihrer vieldiskutierten Studie „Le nouvel esprit du capitalisme" stellen die französischen Soziologen Luc Boltanski und Ève Chiapello die These auf, dass die Kritik am Kapitalismus dessen Entwicklung von Beginn an begleitet und ihn immer wieder von neuem dazu gezwungen hat, sich zu rechtfertigen und mit einem spezifischen „kapitalistischen Geist" auszurüsten. Boltanski und Chiapello unterscheiden dabei zwei Typen der Kapitalismus-kritik:

> „Der erste ist die Sozialkritik: Sie betont die Ungleichheiten, die Armut, die Ausbeutung und den Egoismus in einer Welt, die den Individualismus im Gegen-satz zur Solidarität fördert. Ihr Haupt-träger war die Arbeiterbewegung. Der zweite Typ ist das, was wir als künstleri-sche Kritik bezeichnen. Sie hat sich zunächst in den kleinen Künstler- und Intellektuellenkreisen entwickelt und andere Züge des Kapitalismus betont: Sie kritisiert die Unterdrückung in einer kapi-talistischen Welt (die Herrschaft des Marktes, die Disziplin, die Fabrik), die

Uniformierung in einer Massengesell-
schaft und die Transformation aller Gegen-
stände in Waren. Demgegenüber pflegt sie
ein Ideal individueller Autonomie und
Freiheit, ihre Wertschätzung gilt der
Einzigartigkeit und Authentizität.″1

Während die künstlerische Kritik über lange Zeit eher marginal blieb, spielte sie in der sozialen Bewegung von 1968 zum ersten Mal eine der Sozialkritik gleichwertige Rolle. Die Pointe von Boltanskis und Chiapellos Argumentation liegt nun darin, dass sie die Veränderungen des Kapitalismus seit den achtziger und neunziger Jahren – die neue Unternehmensstrategien und eben auch einen neuen „Geist″ hervorgebracht haben – „als eine besondere Aneignung der ‚künstlerischen Kritik' und ihrer Forderungen nach mehr Autonomie, Kreativität, nach authentischeren Beziehungen zwischen den Personen etc.″2 deuten. Der Kapitalismus habe auch diese Form seiner Kritik absorbiert, nachdem es ihm bereits früher gelungen sei, die Arbeiterbewegung und ihre sozialen Forderungen zu integrieren.

Diese These greift der vorliegende Beitrag auf und konfrontiert in einer Parallellektüre Texte anarchistischer Klassiker und damit einer Tradition, der die künstlerische Kapitalismuskritik einen Gutteil ihrer Argumente verdankt, mit den Schriften des Bestsellerautors und Prototyps aller Managementgurus Tom Peters, aus dessen Beschwörung eines *Liberation Management* „jenseits der Hierarchien″ der neue Geist des Kapitalismus in besonders reiner Form spricht.

Den Ausgangspunkt bildet eine alte Geschichte und ein (fast) aktueller Ratschlag:

Am 8. Mai des Jahres 1877 erreichte eine Schar von knapp 30 Anarchisten nach einem mehrtägigen Marsch über die noch schneebedeckten Berge der süditalienischen Provinz Benevento das Dorf Letino. Mit entrollter roter Fahne drangen sie ins Gemeindehaus ein, wo gerade der Gemeinderat tagte, erklärten die Absetzung des Königs im Namen der sozialen Revolution, verlangten die Herausgabe der offiziellen Dokumente und konfiszierten die Waffen und die Kasse. Der Gemeindesekretär, der eine Autorisation wünschte, erhielt ein Schriftstück: „Wir, die Unterzeichneten, erklären im Namen der sozialen Revolution, die Waffen in der Hand, das Gemeindehaus von Letino besetzt zu haben." Die beschlagnahmten Waffen und das wenige vorgefundene Geld wurden an die Dorfbevölkerung verteilt; ein zur Berechnung der Mahlsteuer benutzter Apparat zertrümmert und alle Akten, ausgenommen jene, die Wohlfahrtsangelegenheiten betrafen, verbrannt. Anschließend zog die Gruppe in ein Nachbardorf, brach auch dort in das Gemeindehaus ein, vernichtete die Akten und verteilte Waffen wie Geld. Die Hoffnung, mit ihrer Aktion einen lokalen Aufstand und ausgehend von diesem auch Insurrektionen in anderen Regionen

*auszulösen, erwies sich jedoch als trüge-
risch. Die Bauern, obwohl der Regierung
feindlich gesonnen, misstrauten den orts-
fremden Revolutionären und schlossen
sich ihnen nicht an, als Militär anrückte
und die Dörfer umzingelte. Auf der Flucht
wurden die Anarchisten schließlich von
einem Bauern verraten und festgenom-
men. Als man ihnen nach 16 Monaten
Untersuchungshaft den Prozess machte,
konnten sie von einer allgemeinen Amnes-
tie profitieren und verließen das Gericht
als freie Männer.[3] Ein zeitgenössisches
anarchistisches Blatt feierte ihre Aktion
als vorbildliche Propaganda der Tat:
„Durch das Verbrennen der Archive haben
unsere Freunde dem Volk gezeigt, welche
Achtung es vor dem Eigentum zu haben
hat. Sie haben das aus den Steuereinhe-
bungen eingelaufene Geld dem Volk
zurückgegeben, und so zeigten sie ihm,
welche Verachtung man für die Regierung
haben müsse."[4]*

Soweit die alte Geschichte. Ich mache einen Zeitsprung: 110
Jahre später, 1987, konnte man in einem der Bestseller von Tom
Peters den folgenden Sabotage-Aufruf lesen:

*„Eifern und rasen Sie: Zerreißen Sie
Papiere. Weigern Sie sich, sie zu lesen.*

Schwänzen Sie Sitzungen. Kurzfristig mögen Sie damit Ihre Karriere gefährden. Aber wenn Sie Ihre Karriere nicht an diesem Punkt aufs Spiel setzen, dürfte sie langfristig gefährdet sein: nämlich wenn das Geschäft vor dem Zusammenbruch steht, die Stadt ihre Schulden nicht mehr bezahlen kann oder andere Katastrophen drohen. Seien Sie mutig. Befreien Sie sich von all den Aktenordnern – stellen Sie große Pappkartons rund um Ihren Schreibtisch auf, und werfen Sie all das Zeug, das Sie erhalten, dort hinein – ungelesen. Kleben Sie einen großen roten Zettel auf die Kartons: ‚Ungelesene Papiere dieser Woche.‘ [...] Seien Sie dramatisch. Veranstalten Sie einmal monatlich eine kleine Feier, Freitagnachmittag um 16 Uhr – vor dem Reißwolf! Bringen Sie Bier mit, und vernichten Sie coram publico all die Papiere, die Sie erhalten, aber nicht gelesen haben. Das nächste Treffen könnte in einem Wald stattfinden. Bringen Sie diesmal Bier und Schaufel mit. Graben Sie ein Loch. Schleppen Sie einen kleinen hölzernen Sarg heran. Füllen Sie ihn mit all den Formularen, Bestimmungen und Berichten, die von Ihnen und Ihren Leuten zur sofortigen Eliminierung bestimmt sind. Wenn Sie nervenstark sind, begraben Sie das

Kopiergerät gleich mit. Tragen Sie ein
Trauergewand. Singen Sie, wenn der Sarg
und der Kopierer in die Grube gelassen
werden: ‚Niemals wieder Berichte, nie wie-
der Formblätter.' [...] Sie haben zwei
Möglichkeiten: (1) Finden Sie Ihren eige-
nen Stil, um so etwas zu machen, oder (2)
gehen Sie vor die Hunde."[5]

Was soll diese Gegenüberstellung? Was verbindet die Aktion der italienischen Sozialrevolutionäre, in der exemplarisch Größe wie Elend der gesamten anarchistischen Bewegung aufscheinen, mit Peters´ Regieanweisung für ein antibürokratisches Happening, in der sich, ebenfalls exemplarisch, die Ratio zeitgenössischer Management-Lehren verdichtet? Auf den ersten Blick erscheint der Vergleichspunkt allzu oberflächlich: zweimal Aktenvernichtung. Ansonsten könnte die Distanz zwischen den Staatsfeinden in den italienischen Bergen und dem Liebhaber des Marktes mit Büros in den besten Lagen von Palo Alto, Boston, Chicago, Cincinnati und London kaum größer sein. Auf der einen Seite ein Akt der Expropriation; zerstört wurden amtliche Dokumente, die Eigentumstitel, Steuerforderungen u. ä. festhielten. Auf der anderen Seite ein Spektakel gerichtet gegen institutionelle Routinen und Hierarchien, deren Zerschlagung die betriebswirtschaftliche Effizienz eines Unternehmens steigern und diesem dazu verhelfen soll, jene Rechtstitel auf Güter und Geld, kurz: jenes Privateigentum zu akkumulieren, das die Anarchisten zugleich mit den Organen der staatlichen Macht beseitigen wollten. Die permanente Revolution im Unternehmen zu propagieren und dabei nur den Anarchisten zu vertrauen, wie Peters es

110

fordert,[6] das ist kein Aufruf zu Betriebsbesetzung oder Kollektivierung, sondern eine Strategie zur Behauptung auf den Märkten. Deren rasanter Wandel nötigt jedes Unternehmen zu noch rasanteren Anpassungs- und Antizipationsleistungen, um nicht im Konkurrenzkampf zu unterliegen. Peters´ *Liberation Management* will zwar, um eine Unterscheidung von Dirk Baecker aufzunehmen, die organisatorischen Formen des Unternehmens umstürzen, nicht aber das Unternehmen als ökonomische und rechtliche Form.[7] Der Rekurs auf subversive Traditionen erfolgt dabei höchst selektiv und tilgt insbesondere jene Fundamentalkritik an Staat und Kapital, auf deren Abschaffung die organisatorischen Anstrengungen der libertären Kommunisten zielten.

Und doch ist es mehr als nur ein ironisierendes Hineinzitieren radikaler Semantiken, wenn Peters – zu einem Tagessatz von 65.000 Dollar – Bakunins programmatisches Diktum „Die Lust der Zerstörung ist zugleich eine schaffende Lust!"[8] in ein flapsiges „Zerstörung ist cool!"[9] übersetzt. Theorie und Praxis des Anarchismus und die Handlungslehren zeitgenössischer Managementprogramme, für die Peters´ Bücher nicht zuletzt wegen ihres synkretistischen Charakters als exemplarisch gelten dürfen, treffen sich vielmehr in einem wenn nicht identischen, so doch eng verwandten Modell der Gouvernementalität. Mit diesem aus *gouverner* und *mentalité* zusammengesetzten Neologismus bezeichnete Michel Foucault die Rationalitäten und Technologien des Regierens und Sich-selbst-Regierens, deren historischen Transformationen er vor allem in seinen späten Arbeiten nachging. Sein Begriff des „Regierens" greift dabei weit über die Sphäre des Staates hinaus bzw. setzt weit unterhalb staatlicher Interventionen ein und bezieht sich auf „die Gesamtheit von

Prozeduren, Techniken, Methoden, welche die Lenkung der Menschen untereinander gewährleisten"[10]. Foucault sprach in diesem Zusammenhang auch von der „Führung der Führungen", wobei „führen" im Doppelsinn des französischen *(se) conduire* gleichermaßen „die Tätigkeit des ‚Anführens' anderer (vermöge mehr oder weniger strikter Zwangsmechanismen) und die Weise des Sich-Verhaltens in einem mehr oder weniger offenen Feld von Möglichkeiten" einschließt.[11]

So naheliegend es ist, Management als Kunst der Menschenführung zu begreifen, so sehr mag es befremden, ausgerechnet die anarchistische Auflehnung gegen alle Formen der Herrschaft mit dem Begriff des „Regierens" zu assoziieren. Gehört der Anarchismus nicht, um noch einmal Foucault zu zitieren, auf die Seite der Kritik an der „Regierbarmachung der Gesellschaft und der Individuen"? – Zweifellos. Die Kritik bildet jedoch, wie Foucault weiter ausführt, nicht nur das „Gegenstück zu den Regierungskünsten [...], als Weise ihnen zu misstrauen, sie abzulehnen, sie zu begrenzen und sie auf ihr Maß zurückzuführen, sie zu transformieren, ihnen zu entwischen oder sie immerhin zu verschieben zu suchen"[12]. Sie entwirft vielmehr zugleich selbst ein Programm zur Rationalisierung des Regierens. In seinen Analysen des klassischen wie des Neoliberalismus zeigt er,[13] dass dem liberalen Grundverdacht, es werde zu viel regiert, die Anrufung eines rationalen, sich selbst steuernden Individuums sowie die Vorstellung einer prästabilierten Harmonie von individueller Interessenverfolgung und allgemeinem Wohlstand korrespondiert, die durch staatliche Interventionen nur gestört werden kann. Der Anarchismus radikalisiert und überschreitet sowohl diese Kritik des Regierens wie dieses Modell rationaler Regierung. Die verschiedenen Ausprägungen des Liberalismus

112

stimmten bei allen sonstigen Differenzen darin überein, uneingeschränkte Freiheit nur für die Sphäre des Marktes gelten lassen, auf rechtliche Absicherung und staatlichen Schutz des Privateigentums aber nicht gänzlich verzichten zu wollen. Im Unterschied dazu postuliert der Anarchismus nicht die Verschlankung des Leviathans, sondern seine Liquidierung und überträgt das liberale Kontraktsdenken auf alle Bereiche des Sozialen. „Der Vertrag zwischen Gleichen bildet die moralische Grundlage jeder wahren Organisation", schreibt etwa der Anarchosyndikalist Rudolf Rocker, „[j]ede andere Form der menschlichen Gruppierung ist Zwang, ist Despotismus der Vorrechte."[14] Konstruieren die Liberalen eine polare Beziehung von Staat und bürgerlicher Gesellschaft, um als Anwälte der Freiheit die auf Totalisierung drängende Macht des Souveräns in ihre Schranken zu verweisen, so zielten die Anstrengungen der Anarchisten auf die konsequente „Befreiung der Gesellschaft vom Staat"[15]. An die Stelle der Zwangsvereinigung durch Recht und Gewalt sollte die freie Assoziation treten, den sozialen Zusammenhang stiftet ein Netzwerk freiwilliger, stets kündbarer Vereinbarungen zwischen souveränen Individuen und Gruppen. Eine etwas unentschiedene Formulierung Foucaults aufgreifend, der die politische und moralische Haltung der Kritik als „die Kunst nicht regiert zu werden bzw. die Kunst nicht auf diese Weise und um diesen Preis regiert zu werden" bestimmte,[16] ließe sich sagen, der Liberale will „nicht auf diese Weise und um diesen Preis", der Anarchist dagegen überhaupt nicht regiert werden, sondern sich in allen Belangen selbst regieren.

Dieser Einspruch beschränkte sich, auch das eine Differenz zum klassischen Liberalismus, nicht allein auf den Staatsapparat, sondern richtete sich ebenso gegen die Machteffekte anderer

Institutionen. Zugleich erschöpfte er sich nicht im Widerstand gegen despotische Willkür, sondern bezog sich auch auf den Typus legaler Herrschaft, als dessen reinste Form Max Weber die „bürokratische Organisation mit ihrer Spezialisierung der geschulten Facharbeit, ihrer Abgrenzung der Kompetenzen, ihren Reglements und hierarchisch abgestuften Gehorsamsverhältnissen"[17] identifizierte. So sehr die Befürchtungen der Anarchisten sich mit Webers Prognose deckten, im Verein mit der toten Maschinerie sei die lebendige Maschine der Bürokratie dabei, „das Gehäuse der Hörigkeit der Zukunft herzustellen, in welche vielleicht dereinst die Menschen sich, wie die Fellachen im altägyptischen Staat, ohnmächtig zu fügen gezwungen sein werden"[18], so sehr lassen sich ihre Aktionen als fortgesetzter Versuch deuten, Webers pessimistische These von der „Unentrinnbarkeit"[19] einmal etablierter bürokratischer Herrschaft praktisch zu widerlegen. Nicht von Appellen und Petitionen, nicht von Beteiligung an Parlamenten erhofften sie die Befreiung der Gesellschaft, sondern von direkter Aktion und egalitärer Selbstorganisation. Sie propagierten Dienstverweigerung, Boykott, Sabotage, Streik bis hin zur allgemeinen Volkserhebung. Ergänzt werden sollten die Aktionen der Nichtzusammenarbeit und Obstruktion durch den Aufbau autonomer, rätedemokratisch organisierter Institutionen, föderative Zusammenschlüsse sollten zentralisierte Machtzusammenballungen ersetzen. Ein geschlossener Kanon anarchistischer Lehren existiert allerdings nicht – er wäre ein Widerspruch in sich –, sondern der Anarchismus zeigt sich als eine heterogene, zwischen individualistischen und kollektivistischen, gewaltfreien und militanten, destruktiven und konstruktiven Richtungen changierende Bewegung.

Ein kohärentes Programm wird man auch in den Schriften von Tom Peters schwerlich finden, sieht man von der durchgängigen Intention ab, alle Gewissheiten über erfolgreiche Unternehmensführung in Frage zu stellen. Das Pathos eines freiheitlichen Kommunismus, das die Texte der anarchistischen „Klassiker" ausstrahlen, liegt Peters indes so fern wie ihr Traum von der Abschaffung des Staates. Es ist vielmehr die idiosynkratische Abneigung gegen alle Bürokratie, die den Bestsellerautor, der sich selbst als „Stechfliege, Sauertopf, Meister der kühnen Misserfolge, Prinz des Chaos, Dirigent der Begeisterung, Unternehmenscheerleader, Marktliebhaber, kapitalistisches Schwein und eingetragenes Mitglied der Amerikanischen Bürgerfreiheitsbewegung" vorstellt,[20] mit den radikalen Feinden des Regiertwerdens verbindet. Seine Kritik hierarchischer Organisationen wie sein Programm permanent zu destruierender und wieder neu zu schaffender Institutionen speisen sich nicht aus der Empörung über Repression und Fremdbestimmung, sondern aus dem Vorwurf mangelnder ökonomischer Effizienz. Peters ist kein Anarchist im politischen bzw. anti-politischen Sinne des Wortes, sondern, weit über seine glühende Bewunderung für die Theorien Friedrich August von Hayeks hinaus,[21] ein Neoliberaler. Er weiß um die unhintergehbare Anarchie des Marktes, aber glaubt, dieser nicht mehr durch langfristige Planung, zentrale Steuerung und minutiöse Reglementierung, kurzum: durch bürokratische Kontrolle, beikommen zu können wie noch die Managementlehren der fordistischen Ära. Stattdessen setzt er auf „permanente Revolution" und „kreatives Chaos", um die immer schnelleren Bewegungen von Angebot und Nachfrage, von sich eröffnenden und wieder schließenden Marktlücken einzuholen, wenn nicht zu antizipieren. Statt die Kontingenzen des Marktgeschehens zu begrenzen, sollen sie in mimetischer Angleichung und Überbietung produktiv gemacht werden.[22]

Nach Foucault ist die Gouvernementalität neoliberaler Prägung generell dadurch gekennzeichnet, dass der Markt als „eine Art permanentes ökonomisches Tribunal" fungiert, vor dem sich jede Form des Regierens und Sich-selbst-Regierens zu verantworten hat.[23] Vor dieses Tribunal zerrt Peters jedes Unternehmen, das er in seinen aus unzähligen Fallbeispielen kompilierten Büchern und Aufsätzen erwähnt, und die oft monierten Widersprüche zwischen älteren und neueren Veröffentlichungen belegen nichts anderes, als dass es hier weder eine definitive Verurteilung, noch einen endgültigen Freispruch geben kann.[24] Das Erfolgsrezept von heute ist morgen schon der sichere Weg in die Pleite. Vor dieses Tribunal zerrt er aber auch seine Leserinnen und Leser, die er mit dem kategorischen Imperativ „Brand yourself!" traktiert und auffordert „Machen Sie aus sich die ICH AG".[25]

Gegen die Verfahrensrationalität bürokratischer Steuerung setzt Peters die unternehmerische Risikobereitschaft und Innovationsfähigkeit, gegen die Starrheit hierarchischer Organisationen bringt er das Prinzip generalisierter *entrepreneurship* in Anschlag – und damit jene Instanz, der schon Max Weber als einzige zutraute, „gegen die Unentrinnbarkeit der bureaukratischen rationalen Wissensherrschaft" wenigstens relativ immun zu sein.[26] Jede Institution, so Peters´ Botschaft, soll sich als Unternehmen, jeder Einzelne als Unternehmer seiner selbst begreifen, diese autonomen Wirtschaftseinheiten sollen in voller Selbstverantwortung, aber auch bei vollem Geschäftsrisiko ihr Glück machen, und sie sollen es umso eher machen können, je konsequenter sie auch ihre Binnenbeziehungen marktförmig gestalten. „Des Marktes Wille geschehe", benennt er, nicht ohne Blasphemie, sein oberstes Credo.[27]

Die neoliberale Gouvernementalität, als deren Katechismus seine Schriften hier interessieren, will anders als die der Anarchisten nicht die Gesellschaft vom Staat befreien, sondern in allen Bereichen die Rationalität unternehmerischen Handelns zur Geltung bringen und letztlich auch den Staat managen wie eine Gesellschaft bürgerlichen Rechts. Wenn auch die elementaren Modelle sozialer Synthesis und die dazugehörigen Anthropologien sich diametral widersprechen – gegenseitige Hilfe steht gegen Konkurrenz, das solidarische Gattungswesen gegen den *homo œconomicus* –, so berühren sich anarchistische und neoliberale Gouvernementalität gleichwohl im Postulat „Regiere Dich selbst!", in ihrem Kontraktualismus sowie ihren paradoxen Organisationstheorien. Wenn hier einige Bausteine dieser antiinstitutionellen Institutionenlehre herauspräpariert und Peters´ Schriften mit anarchistischen Positionen konfrontiert werden, so geschieht das nicht zuletzt in der Absicht, den Ort oder besser vielleicht: die Fluchtlinien der Kritik in einer Zeit neu zu bestimmen, in der die Subversion der Ordnung Teil ihrer Optimierung geworden ist.

Da sind zunächst das Primat der Tat und ein radikaler Voluntarismus:

> *„Wenn Sie Spitzenleistungen erbringen wollen"*, zitiert Peters den IBM-Gründer Thomas Watson, *„können Sie dies sofort schaffen. Hören Sie einfach noch heute damit auf, weniger als exzellente Arbeit abzuliefern. [...] Ob man den Sprung von*

hier nach da schafft, hängt zu 99,9 Prozent
von der Entschlossenheit ab, ihn zu wagen
und ohne Kompromisse an seinem
Vorhaben festzuhalten, auch wenn einem
von seiner Umwelt (einschließlich der lie-
ben Kollegen) noch so viele Hindernisse in
*den Weg gelegt werden."*28

Ganz ähnlich klingt es in Gustav Landauers Gründungsflugblatt
für den „Sozialistischen Bund":

„Man hat Euch gesagt, die sozialistische
Gesellschaft könne erst in einem unbe-
stimmten, fernliegenden Zeitpunkt an die
Stelle der Ausbeutung, der Proletarisie-
rung, des Kapitalismus treten. Man hat
Euch auf die Entwicklung verwiesen. Wir
sagen: der Sozialismus kommt gar nicht,
wenn ihr ihn nicht schaffet. Es leben wel-
che unter Euch, die sagen: erst muß die
Revolution kommen, dann kann der
Sozialismus beginnen. Aber wie? Von oben
eingeführt? Staatssozialismus? [...] Wir
sagen: umgekehrt wird ein Schuh daraus!
Wir warten nicht auf die Revolution, damit
dann Sozialismus beginne, sondern wir
fangen an, den Sozialismus zur Wirklich-
keit zu machen, damit dadurch der große
*Umschwung komme!"*29

Beim libertären Sozialisten wie beim Protagonisten des *Liberation Management* die gleiche Rhetorik der Mobilmachung, die gleiche Ungeduld des „Wann, wenn nicht jetzt". Der gemeinsame Feind ist die Passivität des Abwartens, bei Landauer verkörpert im Attentismus der Vorkriegs-Sozialdemokratie und der ihr willig folgenden Arbeiter, bei Peters in der lähmenden Schwerkraft institutioneller wie individueller Routinen. Überwunden werden sollen sie durch ein Ethos des Beginnens, das nicht auf günstige Gelegenheiten harrt, sondern sie aktiv herbeiführt. Die suggestive Aufforderung „Lass Taten sprechen"[30] duldet kein Verschieben auf Morgen und erzeugt einen unabschließbaren Sog: Mit dem Anfangen wird man niemals fertig. Wenn der Erfolg allein von der eigenen Entschiedenheit abhängt, ist jeder Misserfolg ein Beweis, dass man sich einfach noch nicht genug angestrengt hat. Der Revolutionär wie das *enterprising self* bleiben deshalb stets hinter ihren eigenen Ansprüchen zurück, aber gerade diese Kluft zwischen Ideal und Wirklichkeit hält sie in Bewegung.

Den Vorrang des Handelns zu proklamieren, impliziert zugleich, theoretische Reflexion und rationale Planung wenn schon nicht abzulehnen, so doch auf den zweiten Platz zu verweisen. Auch hier bestehen parallele Frontstellungen: So zieht Peters gegen eine „zahlengläubige, rationalistische Managementlehre" ins Feld, die „für jede Entscheidung eine abgeklärte, analytische Rechtfertigung" verlangt, aber weder „die Hinwendung zum Kunden" lehrt, noch die elementare Erkenntnis vermittelt, „dass sich jeder gewöhnliche Mitarbeiter als Held und Gewinner fühlen muß".[31] Die Anarchisten wiederum wittern im „wissenschaftlichen Sozialismus" der Marxisten ein autoritäres Machtdispositiv zur Entmündigung des Volkes. Bakunin argumentiert dabei unverhohlen vitalistisch:

> *„Es wäre ein Jammer für die Menschheit,*
> *wenn einst das Denken zum Quell und ein-*
> *zigen Maßstab des Lebens würde, wenn*
> *Wissenschaft und Lehre die Gesellschaft*
> *lenkten. Das Leben müßte versiegen, und*
> *die menschliche Gesellschaft verwandelte*
> *sich in eine stumme Herde von Sklaven.“*[32]

Wie der russische Revolutionär verklärt auch Peters die Weisheit der einfachen Leute, und was für Bakunin die Uhrenarbeiter der Jura-Föderation, das sind für den Management-Popstar die Farmer der amerikanischen Provinz:

> *„Ich lebe einen Großteil des Jahres in der*
> *bäuerlichen Umgebung von Vermont. Die*
> *Farmer dort beherrschen eine Unzahl von*
> *Dingen. Der durchschnittliche ‚Hinter-*
> *wäldler‘ aus meinem Bekanntenkreis ist*
> *ein cleverer Netzwerkarbeiter/Händler/*
> *Unternehmer mit vielen Fähigkeiten. Viele*
> *meiner Nachbarn besitzen keinen akade-*
> *mischen Grad, aber sie würden mühelos*
> *jeden durchschnittlichen Unternehmens-*
> *manager in die Tasche stecken.“*[33]

Beide Male spricht sich in dem (von Intellektuellen vorgetrage-nen) anti-intellektuellen Ressentiment der Verdacht aus, die Suche nach wissenschaftlich abgesicherten Entscheidungsgrund-lagen führe geradewegs in die Entscheidungsunfähigkeit oder erweise sich zumindest als Bremskraft unternehmerischer

Initiative beziehungsweise revolutionären Elans, was für Peters ohnehin ein- und dasselbe ist.

Der gemeinsame Wille zur Beschleunigung entspringt nicht zuletzt einem parallelen Modus des Umgangs mit Kontingenz. Während die Rationalisten der Managementtheorie wie des historischen Materialismus Unsicherheit in kalkulierbare Risiken zu überführen und die Kontingenzen des Marktes beziehungsweise des politischen Kampfes mit den Mitteln probabilistischer Vernunft oder geschichtsphilosophischer Ableitungen zu bändigen suchten, schlagen sich Peters wie die Anarchisten auf die Seite der Ungewißheit. „Wir leben in einem chaotischen Zeitalter, soviel steht fest", schreibt letzterer. „Um damit fertig zu werden, gilt es jedoch nicht, das Chaos zu managen (und abzuwürgen), sondern die Vielfalt vorbehaltlos anzustreben."[34] Zu diesem Zweck setzt er auf eine aktivistische Strategie des *trial and error*: „Anlegen – Feuer – Zielen", variiert er ein bekanntes militärisches Kommando. „Werfen Sie genug Spaghetti an die Wand, vielleicht bleibt etwas hängen."[35]

Ganz ohne Sicherheitsdispositive kommt freilich auch die emphatischste Bejahung der Unsicherheit nicht aus, soll sie nicht in puren Hasard umschlagen. Die paradoxe Aufgabe, die Kontingenz zugleich zu steigern und nutzbar zu machen, lässt sich nur lösen, indem man von Fremd- auf Selbststeuerung umschaltet und die Mobilisierung der Leidenschaften an die Stelle rationalen Kalküls treten lässt. „Wenn die Leute die volle Kontrolle über ihr Unternehmen haben", zitiert Peters einen Manager aus der IT-Branche, „dann führt das auch zur bestmöglichen emotionalen Beteiligung."[36] Der Aktivismus braucht Akteure, die sich nicht hinter Betriebshierarchien oder Parteidisziplin verstecken, sondern sich vorbehaltlos einsetzen und sich dabei nicht durch starre

Dienstwege oder behäbige Reglements ausbremsen lassen. Was den Apparatschiks und Experten des *scientific management* ihre Krisen- und Entwicklungstheorien, ihr Organisations- und Planungsoptimismus, ihre Marktanalysen und Controlling-Werkzeuge, das sind den Propagandisten der Tat daher die Begeisterung für die Sache, 150-prozentige Leistungsbereitschaft und Teamgeist – Qualitäten, die sich nicht disziplinarisch einüben oder amtlich dekretieren lassen, sondern mitreißender Appelle und enthusiasmierender Vorbilder bedürfen. So stilisiert Bakunin mit geradezu religiösem Eifer die von ihm gegründete „Internationale Allianz der sozialistischen Demokratie" zu einer „Gesellschaft von Brüdern, die bis zum Tode solidarisch sind und kein anderes Ziel mehr kennen als den Sieg unserer Revolution"[37] Peters titelt gleich ein ganzes Buch „Leistung aus Leidenschaft"[38], und auch in den übrigen wimmelt es von „geradezu absurd motivierten Champions"[39], „Firmenstürmern"[40], „widerspenstigen Unternehmern"[41], „Superstar-Geschäftsleuten"[42], „Sonderlingen", „Piraten"[43] und anderen „neuzeitlichen Helden"[44]. Für letztere stellt er eine Liste von Eigenschaften auf, die in der Summe so etwas wie ein Anforderungsprofil des unternehmerischen Selbst abgeben: „Eigenständig", „Wandlungsfähig", „Leidgeprüft", „Wißbegierig", „Naiv wie ein Kind", „Unbelastet von der Vergangenheit", „Selbstsicher", „Lustig", „Waghalsig und ein wenig verrückt", „Bilderstürmerisch", „Multidimensional", „Ehrlich", „Überlebensgroß".[45]

Dem ausgeprägten Voluntarismus entspricht die moralische Aufladung des anarchistischen wie des managerialen Diskurses und beider Hypostase des heroischen Nonkonformisten. Letztlich soll alles von der Entscheidung des Einzelnen abhängen, sich in revolutionärer Assoziation mit Gleichgesinnten zusammenzuschließen und die Apparate der Herrschaft zu zersetzen beziehungsweise sich durch Spitzenleistungen und permanente Innovation Marktvorteile zu erobern. Deshalb ergeht in geradezu penetranter Weise der Ruf an das Individuum, sich dem paradoxen Imperativ einer Selbstoptimierung zu unterwerfen, welche die Abweichung von der Norm zur Norm erhebt. „Seien Sie besonders ... oder sie werden ausgesondert!"[46], heißt das bei Peters, eine Mahnung, die dem legendären „Sei spontan" an Paradoxie in nichts nachsteht und gerade wegen ihrer Uneinlösbarkeit als Individualisierungsgenerator funktioniert. Unangepasstheit ist zu kultivieren, weil sie, so die Anarchisten, authentischer Ausdruck individueller Freiheit ist, beziehungsweise., so Peters, weil sie ökonomisch gesehen ein Alleinstellungsmerkmal darstellt. Für genormte und normalisierte Disziplinarsubjekte ist weder in der freien Gesellschaft der Libertäre noch in der Welt der exzellenten Unternehmen Platz; gefordert sind Artisten des Alltags, die Exzentrik mit Effizienz verbinden. Der romantische Traum vom Leben als Kunstwerk feiert fröhliche Urständ: „Seien Sie virtuos!", fordert Peters, sein Publikum auf, der die Exzentrik in seinen Büchern bis zur Auflösung von Ortho- und Typografie vorantreibt: „Ist ein Tag in Ihrem Projekt .... eine wirkliche Darbietung? Wenn nicht, gibt es etwas, das Sie tun können, j-e-t-z-t, um die Spannung/den darstellenden Effekt des aktuellen Projekts zu erhöhen, ... um es zu etwas zu machen, das Ihren uneingeschränkten Einsatz verdient?"[47]

Nicht minder paradox ist die Aufgabe, die Dissidenten so zu organisieren, dass sie einerseits effizient kooperieren und sich Synergieeffekte einstellen, ohne dass sich andererseits neue Hierarchen und Funktionäre etablieren. Wie bereits Robert Michels in seiner „Soziologie des Parteiwesens" aus dem Jahre

1911 aufzeigt, entgehen auch die radikalsten Kritiker der Autorität nicht dem von ihm so genannten „eisernen Gesetz der Oligarchie". Dieses besagt, vereinfacht ausgedrückt, dass soziale Organisationen – auch jene, „deren einzige Existenzberechtigung [...] darin liegt, das Werk der Vernichtung der Organisation des Staates in seiner heutigen Form sachgemäß und systematisch vorzubereiten"[48] – mit zunehmender Größe und Komplexität auf Führer angewiesen sind und oligarchische Binnenstrukturen herausbilden. Den Anarchisten spricht Michels das Verdienst zu, mehr als alle anderen Strömungen der sozialistischen Bewegung auf diese Gefahr hingewiesen und, um ihr entgegenzuarbeiten, auf feste organisatorische Formen verzichtet zu haben. Gleichwohl hat auch die anarchistische Bewegung ihre Führer; diese unterscheiden sich jedoch von ihren sozialdemokratischen Kollegen, so Michels, nicht nur durch ein weit höheres Maß an Idealismus, sondern auch durch andere Strategien, ihre Machtansprüche zur Geltung zu bringen: „Es sind die Mittel des Apostels und des Redners: die flammende Macht der Gedanken, die Größe der Aufopferung, die Tiefe der Überzeugung. Statt der Herrschaft über die Organisation durch die technische Unentbehrlichkeit, die Herrschaft über die Gemüter."[49] Persönliches Charisma muss ausgleichen, was an formaler Amtshierarchie fehlt und leidenschaftlich bekämpft wird, wo sie aufkeimt.

Den Typus des charismatischen Führers verkörpert Peters in eigener Person. „Er ist kein asketischer, spiritueller Lehrer, sondern vielmehr ein Prediger, der seine Gemeinde um sich sammelt", porträtiert ihn der Economist. „Er nimmt sich persönlich der Sorgen seiner Schäfchen an und verkündet: ‚Auch ihr könnt gerettet werden'." Bei seinen Auftritten zieht er alle Register und schreckt selbst vor dem Einsatz von Bühnennebel nicht

zurück. „In seinen Seminaren (die eher Wahlkundgebungen gleichen) rasselt er keine Theorien oder Zahlen herunter, sondern
erzählt Geschichten – meist Gleichnisse über Unternehmen wie
die der Zuhörer, denen die Augen geöffnet wurden, so dass sie
Erlösung fanden."[50] Doch nicht allein seine Performanz als
Guter Hirte, sondern auch sein Evangelium folgt dem Prinzip der
Führung durch Charisma. Spitzenunternehmen zeichnen sich, so
eine Kernaussage aus seinem Bestseller „In Search of Excellen-
ce", dem Buch, das seinen Ruf begründete, dadurch aus, dass sie
den Widerspruch zwischen Außen- und Innenorientierung auflösen:

> „Sie bieten ihren Mitarbeitern nicht nur
> Geld, sondern auch ein gewisses Zuge-
> hörigkeitsgefühl, nicht nur Selbstbestä-
> tigung, sondern auch eine ‚Mission'. Jeder
> wird zum Pionier, macht Experimente,
> übernimmt Führungsaufgaben. Das Unter-
> nehmen vermittelt das Leitmotiv und
> schafft ein Klima der Begeisterung, das
> Gefühl, zu den Besten zu gehören, das
> Gefühl, selbst an anerkannter Qualität
> mitzuwirken. Auf diese Weise gibt jeder
> sein Bestes".[51]

Peters wie die Anarchisten suchen nach nicht-hierarchischen,
nicht-bürokratischen Formen der Organisation, aber ihre
Begründungen verhalten sich komplementär zueinander:
Müssen die Anarchisten beweisen, dass ihre freien Assoziationen keine neuen Herrschaftsverhältnisse entstehen lassen, so

muss Peters seine Leser und Zuhörer davon überzeugen, dass nur die Auflösung der alten Herrschaftsverhältnisse Unternehmen vor dem wirtschaftlichen Ruin bewahren kann. Beide bemühen dazu den Topos der notwendigen Relation von Zielen und Mitteln. „Niemals kommt man durch Unfreiheit zur Freiheit", schreibt etwa Landauer, „durch Bürokratie zur Selbstständigkeit, durch Gedankenlosigkeit zum Denken, durch Verzicht und Ohnmacht zur Macht. Aber auch umgekehrt gilt es: an den Mitteln, die gewählt werden, erkennt man, auf was für ein Ziel eigentlich losgesteuert wird, gleichviel, ob man es schon deutlich weiß oder nicht."[52] Peters wiederum wird nicht müde, seinen Anti-Institutionalismus mit dem Argument zu rechtfertigen, auf den höchst fluiden Märkten könnten nur jene Unternehmen überleben, die ihre internen Abläufe ebenso radikal verflüssigen.

In ihren Schlussfolgerungen sind sich die Staatsfeinde und der Management-Guru weitgehend einig. Auf anarchistischer Seite hat Colin Ward in den sechziger Jahren die Grundprinzipien einer libertären Organisationstheorie formuliert: Organisationen müssen danach

> *„(1) freiwillig, (2) funktionsgerecht, (3) zeitlich begrenzt und (4) klein sein. Freiwillig sollen sie aus naheliegenden Gründen sein. Denn unser Eintreten für individuelle Freiheit und Verantwortlichkeit wäre zwecklos, wenn wir gleichzeitig Organisationen forderten, bei denen die Mitgliedschaft obligatorisch ist. Aus ähnlich naheliegenden, aber nicht immer*

beachteten Gründen sollen sie eine echte Funktion haben. Organisationen neigen dazu, auch dann weiterzubestehen, wenn sie gar keine Funktion mehr haben oder ihre früheren Funktionen überlebt haben. Zeitlich begrenzt sollen sie eben deshalb sein, weil die permanente Existenz einer der Faktoren ist, die die Arterien einer Organisation verkalken lässt, in dem sie das Interesse am eigenen Überleben und damit die Tendenz fest begründet, eher den Interessen der Funktionäre als der Ausübung der scheinbaren Funktionen zu dienen. Klein sollen sie sein, weil in kleinen Gruppen, in denen man sich untereinander kennt, die bürokratisierenden und hierarchischen Tendenzen, die jeder Organisation innewohnen, sich am wenigsten entfalten können."53

In den zeitgenössischen Management-Jargon übersetzt, ist das nichts anderes als die Skizze eines Projektteams, jenes sozialen Nukleus, auf den auch Peters seine Organisations- bzw. Desorganisationslehre aufbaut. Teams und ihre rhizomatische Verknüpfung zu Netzwerken sollen jene Diskontinuierungs- und Beschleunigungseffekte produzieren können, auf die Unternehmen angewiesen sind, um die diskontinuierlichen und immer schnelleren Marktturbulenzen bewältigen zu können.54

Mit der Freiwilligkeit des Zusammenschlusses hapert es dabei ein wenig, doch da niemand gezwungen wird, für ein bestimmtes Unternehmen zu arbeiten, erfolgt auch die Mitarbeit in einem Projektteam letztlich aus freien Stücken. – Man kann schließlich kündigen, wenn es einem nicht passt. Zur Definition einer Projektgruppe gehört es, dass sie sich im Hinblick auf eine bestimmte Aufgabe bildet und danach wieder auflöst. Ihre Zusammensetzung wie ihre Lebensdauer hängen allein an ihrer Funktion. Die Kohäsionskräfte von Primärgruppenbeziehungen sollen genutzt, das Störpotential persönlicher Zu- oder Abneigungen aber ebenso minimiert werden wie innovationshemmende Kooperationsroutinen. Seine *raison d'être* findet ein Projektteam allein im gemeinsam erstellten und verantworteten Produkt. Bezogen auf die zeitliche Dimension prophezeit Peters:

> *„Dynamische, kurzlebige Projektkonfigurationen werden an der Tagesordnung sein. Es wird nicht außergewöhnlich sein, im Laufe eines Jahres in vier oder fünf Projektteams oder in mehreren Teams gleichzeitig mitzuwirken – aber man wird niemals in genau derselben Kollegengruppe ein zweites Mal tätig sein, nicht einmal in einer zwanzigjährigen ‚Karriere'."*[55]

Was schließlich die Größe angeht, radikalisiert er noch Wards Plädoyer für das Prinzip *small is beautiful* und fordert, „jenseits der Dezentralisierung anzusetzen" und die Selbstzerstörung der Unternehmensorganisation anzustreben.[56]

Was Peters damit meint, erläutert er – wie so oft – mit einem Beispiel:

„Das 1904 gegründete Unternehmen
Oticon, einer der weltweit führenden Her-
steller von Hörhilfen, hatte starke Rückschläge verzeichnet. Der Marktanteil war
im letzten Jahrzehnt um die Hälfte zurück-
gegangen. Kolind (der Präsident des Unternehmens, U.B.) riss Wände ein, beseitigte
Sekretärinnenstellen, strich Arbeitsplatz-
beschreibungen und Privilegien, um eine
hundertprozentig projektorientierte Ge-
schäftseinheit zu schaffen, in der die Mitarbeiter ihre Aufgaben selbst finden und in
Selbstverantwortung erledigen. Einen
Monat später [...] versteigerte das Unternehmen das gesamte alte Büromobiliar an
seine Mitarbeiter. Dieser Schachzug unter-
strich die Unwiderruflichkeit der Umstrukturierung. Jetzt verstauen die Mitarbeiter
ihre Sachen in persönlichen Rollcontainern,
die sie in der weiträumigen Halle jeweils
dorthin schieben können, wo es für die
Arbeit mit verschiedenen Kollegen erforder-
lich ist. Nach überraschend wenigen
Umstellungsschwierigkeiten verzeichnete
Oticon Rekordgewinne [...] Auf die Frage,
ob er dieses Wunder an Kreativität und
Schnelligkeit auf seine verschwommene
und wilde neue Organisationsform zurück-
führe, antwortete Kolind: ‚Unbedingt. Wir
haben uns dafür entschieden, uns von der

*früheren Struktur zu trennen. Keine Abtei-
lungen mehr. Keine Managertitel mehr. Und
damit auch keinen Bürokram mehr. Keine
Sekretärinnen mehr, um uns zu schützen.
Wir haben die gesamte Organisations-
struktur abgeschafft. Wir verfügen über
einen enormen Wettbewerbsvorteil, weil wir
uns nicht um Formalitäten kümmern. Wir
kümmern uns nur um Leistung und Ergebnisse.'"*[57]

Was sind die Fluchtlinien der Kritik, wenn die Subversion der
Ordnung Teil ihrer Optimierung geworden sind, lautete die
Ausgangsfrage. Das Koordinatensystem hat sich verschoben;
Begriffe wie Autonomie, Selbstorganisation, Dissidenz oder auch
Befreiung haben die Fronten gewechselt, und es ist unklar, wo
überhaupt die Fronten verlaufen. Fanden der liberale wie der
anarchistische Einspruch gegen die „Regierbarmachung der
Gesellschaft und der Individuen" ihren gemeinsamen Nenner
darin, das passive Regiertwerden durch ein aktives Sich-selbst-
Regieren ersetzen zu wollen, so verliert dieses Programm in dem
Maße seinen Stachel, in dem Freiheit nicht mehr die Antithese
von Herrschaft darstellt, sondern den avanciertesten Modus
ihrer Ausübung. Ein guter Teil der aktuellen Ort- und Orientie-
rungslosigkeit von Kritik hat seinen Grund in der unbequemen
Erkenntnis, dass der vermeintliche Sand, mit dem man das
Getriebe aufhalten zu können hoffte, dieses inzwischen als
Schmiermittel am Laufen hält. Wir sind Zeugen einer epochalen
Transformation der Gouvernementalität, die sich nicht zuletzt
dadurch auszeichnet, dass ihre Rationalitätskriterien, Sozialtech-

nologien und Selbstpraktiken die Gegenkräfte vergangener Regierungskonfigurationen absorbiert haben. Was ehedem Widerstandspositionen markierte, fungiert inzwischen als Innovationsgenerator. Störpotentiale sind zu Lernhilfen mutiert, die, als kybernetische Rückkopplungen eingebaut, Anpassungsbedarf signalisieren und ein flexibles Aussteuern ermöglichen.

In einer solchen Lage erschien es mir sinnvoll, genealogisch vorzugehen und den Versuch einer Neubestimmung der Kunst, nicht bzw. nicht dermaßen regiert zu werden, damit zu beginnen, dass man die historischen Dispositive der Kritik in Erinnerung ruft und ihre Umcodierungen nachzeichnet. Darauf zielte mein - zugegebenermaßen etwas abenteuerliches – Unterfangen, die Klassiker des Anarchismus mit aktuellen Managementtheorien zu konfrontieren. Als Ertrag bleibt ein Katalog von Aufgaben:

(1) Kritik der Herrschaft war bisher, auch in ihren radikalen Ausprägungen, entweder Kritik der Gewalt oder Kritik des Gesetzes, nicht jedoch Kritik der vertraglichen Vereinbarung. Wenn die Unterwerfung und Mobilisierung der Individuen, einschließlich ihrer Selbstunterwerfung und Selbstmobilisierung, heute weniger über Mechanismen des Zwangs, der Disziplinierung oder der bürokratischen Kontrolle, als vielmehr über *Commitments* erfolgt, dann hätte kritische Reflexion ihr Augenmerk insbesondere auf jenen Vergesellschaftungsmodus zu richten, der den positiven Fluchtpunkt der anarchistischen Sozialutopien bildete: die freie Assoziation. Die Analysen des souveränen Rechts über Leben und Tod, wie sie sich etwa in den Arbeiten Michel Foucaults und Giorgio Agambens finden, wären fortzuschreiben und zu ergänzen durch eine Genealogie des Privatrechts. Herauszupräparieren wären die Machteffekte, die in freiwilligen, konsensualen und auf Reziprozität beruhenden Bindungen wirksam sind.

131

(2) Gegenüber den Exzessen staatlich organisierter Herrschaft, die das vergangene Jahrhundert prägten, mag es ausreichend gewesen sein, den Einspruch gegen das Regiertwerden im Namen individueller Freiheit zu führen. Dem radikalisierten Liberalismus der Gegenwart ist von dieser Position aus allerdings kaum beizukommen, fordert und fördert die Transformation der Gesellschaft zum Marktplatz doch gerade jenen Typus des autonomen Individuums, den die antitotalitären Kräfte verteidigen wollten. Distinktionszwang hat den Furor der Homogenisierung abgelöst. Gegen die verschiedenen Varianten des autoritären Anstaltsstaats war es vielleicht nötig, die Gestalt des *Citoyen* stark zu machen; im *Bourgeois*, der im neoliberalen Leitbild des *entrepreneurial self* zur hegemonialen anthropologischen Figur aufgestiegen ist, trifft dieser dagegen nur auf die andere Seite seiner selbst. Ebenso verkürzt, weil dem aufsitzend, was Foucault in anderem Kontext „Repressionshypothese" genannt hat, ist es, die gegenwärtige Ökonomisierung des Sozialen lediglich als Zerfall politischer Ordnung und Wiederkehr eines hobbes'schen Kriegs aller gegen alle zu beschreiben. Diese populäre Version der Kritik, wie sie von den Globalisierungsgegnern von „Attac" bis zu Pierre Bourdieu vertreten wird, mündet stets in den Ruf nach einem zumindest im Hinblick auf seine sozialen Sicherungssysteme und seine wirtschaftspolitische Interventionsbereitschaft starken Staat. Statt das Spiegelspiel von Staat und Markt, von *homo politicus* und *homo œconomicus* weiterzuführen und wahlweise die eine gegen die andere Seite auszuspielen oder ihr Verhältnis neu ausbalancieren zu wollen, wäre nach Wegen zu suchen, dieses Spiel hinter sich zu lassen.

„Every tool is a weapon if you hold it right", diese Zeile aus einem Popsong von Ani DiFranco haben Michael Hardt und Antonio Negri ihrem von Slavoj Žižek bereits als „kommunistisches Manifest des 21. Jahrhundert" gefeierten opus magnum „Empire"[58] als Motto vorangestellt. Darin analysieren die beiden in einer Fusion von Deleuze und Marx die neue Weltordnung als ein netzwerkförmiges Herrschaftsgefüge ohne Zentrum, aber auch ohne Außen, in dem und gegen das eine anarchoid gedachte „Multitude" heterogene Widerstände mobilisiert. Diese Multitude verfügt ebenfalls weder über ein Zentrum, noch kann sie von einem imaginären Außen her agieren. „Every tool is a weapon if you hold it right" – ein optimistisches Motto. Vertrackt ist nur – das, denke ich, hat die Gegenüberstellung von libertären Organisationsmodellen und Peters´ Ratschlägen für ein „Management in chaotischen Zeiten" gezeigt –, dass sich das Motto auch umdrehen lässt: Every weapon is a tool if you hold it right.

Endnoten

1 Luc Boltanski/Ève Chiapello: Die Rolle der Kritik in der Dynamik des Kapitalismus und der normative Wandel, in: Berliner Journal für Soziologie, 2001, H. 4, S. 468. Der Aufsatz faßt die Thesen ihres Buchs zusammen, vgl. dies.: Le nouvel esprit du capitalisme, Paris 1999.
2 Ebd., S. 468/9.
3 Nach Max Nettlau: Die revolutionären Aktionen des italienischen Proletariats und die Rolle Errico Malatestas, Berlin 1973, S. 70-74. (Das Buch erschien ursprünglich unter dem Titel: Errico Malatesta – Das Leben eines Anarchisten, Berlin 1922).
4 Zitiert nach Hector Zoccoli: Die Anarchie (1909), Neudruck: West-Berlin 1976, S. 520.
5 Tom Peters: Kreatives Chaos. Die neue Management-Praxis, Hamburg 1988, S. 548/9.
6 ders., Das Tom Peters Seminar. Management in chaotischen Zeiten, Frankfurt/M./New York 1995, Kap. 9: Permanente Revolution, S. 300ff.; ders.: Jenseits der Hierarchien. Liberation Management, Düsseldorf u.a. 1993, S. 751: "Wenn man es schafft, die Energie des Anarchisten

zu nutzen, wird er derjenige sein, der die Firma vorantreibt. Ich bin der Überzeugung, dass sie die künftigen Hüter unserer Firmenkultur sein werden."

7   Vgl. Dirk Baecker: Die Form des Unternehmens, Frankfurt/M. 1999.

8   Michail Bakunin: Die Reaktion in Deutschland (1842), in: ders.: Philosophie der Tat, Köln 1968, S. 96.

9   Tom Peters: Der Innovationskreis, Düsseldorf/München 1998, S. 35.

10 Michel Foucault: Der Mensch ist ein Erfahrungstier. Gespräch mit Ducio Trombadori, Frankfurt/M. 1996, S. 118/9.

11 Ders.: Das Subjekt und die Macht, in: Hubert L. Dreyfus/Paul Rabinow: Michel Foucault. Jenseits von Strukturalismus und Hermeneutik, Frankfurt/M. 1987, S. 255.

12 Ders.: Was ist Kritik?, Berlin 1992, S. 12.

13 In seinen bislang nur in Auszügen publizierten Vorlesungen am Collège de France von 1978/9, vgl. dazu seine Zusammenfassung: Naissance de la biopolitique, in: Dits et Écrits, Bd. 3, Paris 1994, S. 818-825, sowie die ausführlichen Kommentierungen bei Colin Gordon: Governmental rationality: an introduction, in: Graham Burchell/Colin Gordon/Peter Miller (Eds.): The Foucault Effect. Studies in Governmentality, Chicago 1991, S. 1-51; Thomas Lemke: Eine Kritik der politischen Vernunft. Foucaults Analyse der modernen Gouvernementalität, Hamburg 1997, S. 172-184, 239-251.

14 Rudolf Rocker: Anarchismus und Organisation, in: F. Amilié/Hans Dieter Bahr/Andrija Kresic/Rudolf Rocker: Anarchismus und Marxismus, Bd. 1, Berlin 1973, S. 29/30.

15 So der Titel eines programmatischen Essays von Erich Mühsam, zuerst erschienen als Sonderheft der Zeitschrift "Fanal" (Berlin-Britz 1932), Neudruck: Berlin 1973.

16 Foucault, Was ist Kritik?, S. 12.

17 Max Weber: Wirtschaft und Gesellschaft, Tübingen ⁵1972, S. 835.

18 Ebd.

19 Ebd., S. 834.

20 Zitiert nach Stuart Crainer: Das Tom Peters Phänomen. Der Aufstieg eines Management-Gurus, Frankfurt/New York 1998, S. 21.

21 Vgl. etwa Peters: Jenseits der Hierarchien, S. 650ff.

22 Zu diesen beiden Formen der Kontingenzbewältigung vgl. grundlegend Michael Makropoulos: Möglichkeitsbändigungen, in: Soziale Welt 41 (1990), 407-423, ders.: Modernität und Kontingenz, München 1997.

23 Vorlesung am Collège de France vom 21.3.1979, zitiert nach Lemke: Kritik der politischen Vernunft, S. 249.

24 Peters selbst (Der Innovationskreis, S. XV) wertet den Vorwurf der Widersprüchlichkeit denn auch als Kompliment: ",Man' sagt, ich sei inkonsequent. Ich betrachte das als eine Auszeichnung. D.h. Ich hoffe, ich habe mich weiterentwickelt ... und kann daher auch Ihnen (ein wenig) dabei helfen, sich (ein wenig) weiterzuentwickeln."

25 Vgl. Tom Peters: The Brand Called You, http://www.brandyou.com;

ders.: Top 50 Selbstmanagement. Machen Sie aus sich die ICH AG, München 2001.

26 Weber: Wirtschaft und Gesellschaft, S. 129.

27 Peters: Jenseits der Hierarchien, S. 681.

28 Tom Peters: Der WOW! Effekt. 200 Ideen für herausragende Erfolge. Das Tom Peters Seminar 2, Frankfurt/New York 1995, S. 15/16.

29 Gustav Landauer: Das erste Flugblatt: Was will der Sozialistische Bund? (1908), in: ders.: Beginnen. Aufsätze über Sozialismus, hrsg. von Martin Buber, Köln 1924, Neudruck: Wetzlar 1977, S. 91/92.

30 Peters: Das Tom Peters Seminar, S. 305.

31 Thomas J. Peters/Robert H. Waterman jun.: Auf der Suche nach Spitzenleistungen. Was man von den bestgeführten US-Unternehmen lernen kann (1982), Landsberg/L. [15] 1993, S. 53.

32 Michail Bakunin: Staatlichkeit und Anarchie (1873), in: ders.: Staatlichkeit und Anarchie und andere Schriften, hrsg. von Horst Stuke, Frankfurt/M./Berlin/Wien 1972, S. 563.

33 Peters: Der WOW! Effekt, S. 22/23.

34 Ders.: Das Tom Peters Seminar, S. 68.

35 Ders.: Der WOW! Effekt, S. 217.

36 Ders.: Das Tom Peters Seminar, S. 74.

37 Michail Bakunin: Spanische Brieffragmente Bakunins über Internationale und Alliance (1872), in: ders.: Gesammelte Schriften, hrsg. von Max Nettlau, Bd. 3, Berlin 1921, Neudruck: Berlin 1975, S. 118.

38 Thomas J. Peters/Nancy Austin: Leistung aus Leidenschaft. Über Management und Führung, Hamburg 1986.

39 Peters: Kreatives Chaos, S. 278.

40 Ebd., S. 51.

41 Ders.: Jenseits der Hierarchien, S. 752.

42 Ders.: Der Innovationskreis, S. 128.

43 Ders.: Selbstmanagement, S. 190.

44 Ders.: Der WOW! Effekt, S. 344.

45 Ebd., S. 344-346.

46 Peters: Selbstmanagement, S. 8.

47 Peters: TOP 50 Selbstmanagement, S. 136, 139.

48 Robert Michels: Zur Soziologie des Parteiwesens, Leipzig [2] 1925, S. 467/68.

49 Ebd., S. 455.

50 A mess of parables, in: The Economist, 5.12.1992, zitiert nach Crainer: Das Tom Peters Phänomen, S. 220. Zur Bedeutung des Performativen bei Peters und anderen Management-Gurus vgl. John Micklethwait/Adrian Wooldridge: The Witch Doctors. What the management gurus are saying, why it matters and how to make sense of it, London 1996; Timothy Clarke/Graham Salaman: The Management Guru as Organizational Witchdoctor, in: Organization 3 (1996), S. 85-107.

51 Peters/Waterman: Auf der Suche nach Spitzenleistungen, S. 368.

52 Gustav Landauer: Organisationsfragen (1909), in: ders.:

Entstaatlichung – für eine herrschaftslose Gesellschaft, Wetzlar
²1978, S. 33.
53 Colin Ward: Der Anarchismus als eine Organisationstheorie (1966), in:
Erwin Oberländer (Hg.): Der Anarchismus. Dokumente der
Weltrevolution, Bd. 4, Olten/Freiburg 1972, S. 408.
54 Vgl. Baecker: Die Form des Unternehmens, S. 180, 192.
55 Peters: Jenseits der Hierarchien, S. 224.
56 Ders.: Das Tom Peters Seminar, S. 41.
57 Ebd., S. 43/44.
58 Michael Hardt/Antonio Negri: Empire, Cambridge/London 2000, dt.:
Frankfurt/M. / New York 2002.

Die Kunst auf dem Weg in die blaue Ökonomie

Ulf Wuggenig

I. Kunst und „Wirtschaft"

In der ersten Hälfte des Jahres 2002 wurde in den Hamburger Deichtorhallen die Ausstellung „Art&Economy"[1] gezeigt, konzipiert Ende der 1990er Jahre noch in der Zeit des Medien-Hype und der Euphorie um die New Economy. Zu dieser Zeit war vielfach von einem ökonomischen Jahrhundertboom und einer Außerkraftsetzung bisher bekannter Gesetze des ökonomischen Feldes die Rede. Gerade während der Hamburger Ausstellung häuften sich jedoch nicht nur Meldungen über das Scheitern der neuen unternehmerischen Strategien, sondern auch über geschönte Prognosen und historisch beispiellose Bilanzmanipulationen in der korporativen Welt.[2] Zunächst waren es noch US-amerikanische Unternehmen, die ihren Glanz verloren. Enron, Worldcom und Tyco etwa, die noch 2001 weltweit als Prototypen neoliberaler Innovationskraft galten, wurden nun in den Massenmedien mit „Gier, Betrug und Korruption" (Die Zeit) oder mit „Habsucht, Machtmissbrauch und Größenwahn" (Der Spiegel) assoziiert. Dem Konzernchef von Tyco, Dennis Kozlowski – 2000 in der korporativen Welt noch in hohem Ansehen, wovon seine Auszeichnung als „aggressivster Manager des Jahres" zeugt – wurden ausgerechnet Kunstkäufe zum

Verhängnis, die sich auf hinterzogene Steuern stützten.[3] Die sich
häufenden Berichte über Symptome einer fortgeschrittenen
Anomie in der US-amerikanischen Wirtschaft, aber auch in
Teilen der europäischen Ökonomie, setzten einen Vertrauensverlust gegenüber den in den späten 1990er Jahren noch wie
Kulturhelden verehrten Managern in Gang. In Deutschland
brach die „Aktienkultur", die sich auszubreiten begann, nach
Erfahrungen mit den mit ihr verbundenen Risiken wieder
zusammen. Es spricht vieles dafür, dass dieser Verlust an Glaubwürdigkeit so schwerwiegend war, dass er sich kurz- und mittelfristig weder durch Investitionen in Kunst und Kultur, noch in
das Soziale oder in Umwelt und Nachhaltigkeit wird wettmachen
lassen.

Noch unter anderen Vorzeichen gestartet, war die Hamburger Ausstellung Teil eines Diskurses, der sich auf „konstruktive
Assimilationsstrategien" stützt. Aus rhetorischer Sicht unterstreichen diese Strategien vor allem Gemeinsamkeiten – symmetrischen Tausch, Homologien, Synergien oder sogar Identitäten – zwischen Feldern und Akteuren, wie in diesem Fall
Wirtschaft und Kunst bzw. Künstlern, Managern und Unternehmern.[4] Kunst und Wirtschaft schienen eine Symbiose eingegangen zu sein: „Zahlreiche Wirtschaftsunternehmen haben heute
die Kunstförderung zu ihrer Aufgabe gemacht. Und selten zuvor
hat sich bildende Kunst thematisch und konzeptuell so offensiv
mit der Wirtschaft beschäftigt. Immer mehr Unternehmen
unterhalten Kunstsammlungen oder betätigen sich aktiv auf dem
Kunstsektor, viele zeitgenössische Künstler initiieren Kunstprojekte für oder in Zusammenarbeit mit Unternehmen oder
setzen sich kritisch mit der Wirtschaft auseinander."[5]

Diese Beobachtungen galten nicht nur für Deutschland. Die

taiwanesische Kunsthistorikerin Chin-tao-Wu dokumentierte in einer instruktiven Studie die Annäherungen zwischen der zeitgenössischen Kunst und der korporativen Welt, zu denen es in den 1980er und 1990er Jahren in den USA und Großbritannien gekommen war.[6] Und Eve Chiapello, Co-Autorin der in den Sozialwissenschaften vieldiskutierten Studie über den „neuen Geist des Kapitalismus", kam in einer Analyse der französischen Situation zu folgender Einschätzung: „Man (kann) nicht mehr der Meinung sein, es gebe eine Kunstwelt, deren Betrieb in völligem Gegensatz zur Wirtschaftswelt steht. Es gibt keine Garantien mehr für die Undurchlässigkeit der beiden Welten, die Grenzen sind fließend geworden und ermöglichen die Transfers von Logiken und Personen sowie gegenseitige Hybridisationen."[7]

Der Begriff der Wirtschaft wurde in der Hamburger Ausstellung, in der sich rund 60 Unternehmen (von circa 800 eingeladenen) aus Deutschland, aber auch aus den USA, Großbritannien, Frankreich der Schweiz und Österreich[8] mit ihren kunstbezogenen Aktivitäten präsentierten, eher eng verstanden und teilweise einfach mit Unternehmen identifiziert. In einem Teil der diese Ausstellung begleitenden Texte wurde indes auch ein Wirtschaftsbegriff zugrundegelegt, welcher sich stärker an theoretischen Diskursen orientiert, insbesondere in Form von Referenzen auf den systemtheoretischen Zugang von Niklas Luhmann. Auch der Ökonomiebegriff von Luhmann und dessen Schule erscheint für die Zwecke dieses Beitrags jedoch als zu verengt, wird doch die Ökonomie in dieser Variante der Systemtheorie über die Leitdifferenz von Zahlungen und Nichtzahlungen von anderen gesellschaftlichen Funktionssystemen abgegrenzt. So schreibt etwa Dirk Baecker in einer Broschüre, welche sich auf die in der Hamburger Ausstellung gezeigte „Corporate Sculpture" des Kölner Künstlers

Peter Zimmermann bezieht: „Die Wirtschaft, so postuliert es die soziologische Systemtheorie, folgt dem Code der Zahlungen und Nichtzahlungen. Alle anderen möglichen Ereignisse in der Welt der Gesellschaft werden nur zur Kenntnis genommen, wenn sie auf diesen Code zu beziehen sind."[9]

Dieser heute in den deutschsprachigen Sozialwissenschaften verbreitete Begriff von Ökonomie erscheint in zweierlei Hinsicht als zu stark verkürzt. Der Code von Zahlungen und Nichtzahlungen bezieht sich lediglich auf jenen Aspekt der Ökonomie, der in anderen Theorietraditionen als „Monetarisierung" bezeichnet wird. Die Monetarisierung wiederum ist in verschiedenen Ökonomien sehr unterschiedlich stark ausgeprägt. Zumindest in einem historisch bedeutsamen Typus von Ökonomie, auf den noch einzugehen sein wird, fehlt dieses Merkmal. Einen weiteren Mangel teilt die Systemtheorie der Luhmannschen Spielart mit den neo-klassischen Mainstream-Theorien in der westlichen Ökonomik. Ähnlich wie diese hat sie kaum etwas zu den Externalitäten der ökonomischen Praxis zu sagen.[10]

Aus diesen Gründen stützt sich der allgemeine Bezugsrahmen, aus dem hier einige Überlegungen zu Zusammenhängen von Kunst und Ökonomie entwickelt werden, auf eine andere Variante der Systemtheorie. Sie geht nicht auf Niklas Luhmann, sondern auf Johan Galtung zurück.[11] Der Begriff der Ökonomie bezieht sich in dessen Theorie auf die Organisation der Zyklen von Natur-Produktion und Verbrauch bzw. auf den Zusammenhang von Inputs, Outputs und deren Verteilung. Die diesen Zyklen bzw. Systemen zugrundeliegenden Logiken werden dabei als Kulturen verstanden, die auf bestimmte Denkschulen zurückgeführt werden können. Somit privilegiert diese Theorie nicht von vornherein eine (monetär) bestimmte Ökonomie. Sie hat auch nicht nur eine einzige Leitdifferenz vor Augen, sondern ist multidimensional angelegt. Auf der Grundlage mehrerer Kriterien wird somit eine Pluralität von Ökonomien bzw. ökonomischen Kulturen unterschieden. Außerdem trägt die Theorie sowohl positiven als auch negativen Externalitäten von Ökonomien systematisch Rechnung.

II. Fünf Ökonomien

Eine erste Dimension der Abgrenzung von Ökonomien lässt sich gewinnen, wenn man die Frage aufwirft, ob in ihnen Netze (Individuen) oder Knoten (Kollektive) stärker betont werden. Weitere wichtige Unterscheidungen beziehen sich auf das Ausmaß der Neigung zu Vertikalität und Hierarchiebildung sowie auf die Orientierung an Spezifizierung versus Monetarisierung. Außerdem erscheint der Aspekt des Grades von Verarbeitung, Überformung und Durchdringung des Natürlichen wichtig, einschließlich des Menschen als Teil der Natur. Und nicht zuletzt liegt es für die Bestimmung des kulturellen Profils einer Ökonomie nahe, zu berücksichtigen, ob sich die ökonomischen Zyklen eher an Beständigkeit oder eher an Expansion ausrichten.

Auf der Grundlage dieser Kriterien lassen sich fünf Typen von Ökonomien gewinnen. Ein erstes und in unserem Zusammenhang besonders interessantes kulturelles Profil beruht auf hohen Werten in den Dimensionen Individualismus – Vertikalität – Monetarisierung – Verarbeitung – Expansion. Es handelt sich dabei um das Profil jener Ökonomie, welche Galtung als *blaue Ökonomie* bezeichnet. Man könnte angesichts der Referenz auf

Farben auch an Kunst denken, etwa an Oyvind Fahlströms Farbskala. Denn im Fall der Farbe Blau, die Fahlström in seiner berühmten Arbeit „Meatball Curtain for Robert Crumb" für die USA reservierte, gibt es durchaus Übereinstimmung. Die USA stellen für Galtung die zentrale zeitgenössische Verkörperung der blauen Ökonomie dar. Sie bilden das Zentrum dieses Typs von Ökonomie, zu dem auch eine externe Peripherie gehört.

In der idealtypischen blauen Ökonomie verfolgen die Akteure ihren Eigennutzen. Der herrschenden Lehre von der „unsichtbaren Hand" (Adam Smith) zufolge dienen sie dem Nutzen der Gesellschaft auf diese Weise wirkungsvoller als dann, wenn sie wirklich beabsichtigen, diesem zu dienen. In der blauen Ökonomie werden Unternehmen und Staaten aus der in diesem sozialen Kontext vorherrschenden akteursorientierten Perspektive als Makroindividuen verstanden. Eine Säule dieses Systems stellt ferner die Institution des Privateigentums dar, mit Freiheit als Recht, solches Privateigentum zu besitzen und zu verwenden, um noch mehr davon zu erwerben. Hinzu kommen die Institutionen des Marktes und des Wettbewerbs. Sie implizieren Arbeitsteilung zwischen Individuen und Gesellschaften, abgestufte Entgelte zur Belohnung von Kompetenz und Risikobereitschaft sowie eine Monetarisierung all dessen, was eine Rolle in der Produktionsfunktion spielt (mit Preisen, Pacht, Lohn, Zinsen und Verkaufswert von Patenten und Eigentum). Die blaue Ökonomie zeichnet sich zudem durch Expansion und Universalisierung aus. Dazu gehören die Erweiterung von Vielfalt und Produktauswahl sowie die Erhöhung von Produktmengen wie auch die Ausdehnung der ökonomischen Zyklen auf umfangreichere Territorien.

In der blauen Ökonomie wird vornehmlich den Entrepreneuren die Rolle des Problemlösers zugesprochen. Sie gelten als jene individuellen oder korporativen Akteure, die „schöpferisch" reagieren, welche also die Unternehmerfunktion im Sinne von Joseph A. Schumpeter ausfüllen. Ihnen wird die Fähigkeit zugeschrieben, neue Möglichkeiten zu erkennen und die Willenskraft aufzubringen, um den Widerstand zu brechen, den die soziale Umwelt jeder Neuerung entgegenstellt.[12] Der Entrepreneur kommt nicht bloß auf neue Ideen, sondern setzt diese auch um, er verwirklicht Pläne. Dies betonte bereits Werner Sombart, der den aus seiner Sicht individualistisch agierenden Künstler noch scharf von dem an der Führung von Kollektiven orientierten Unternehmer abgrenzte. Sombart sah im kapitalistischen Unternehmer im Übrigen nur eine Spielart einer Vielzahl unternehmerischer Rollen, ganz im Gegensatz etwa zu den assimilatorischen Diskursen der jüngeren Zeit, in denen der kapitalistische Unternehmer den Begriff des Unternehmers schlechthin repräsentiert.[13]

Systeme der *roten Ökonomie* sind im historischen Maßstab als eher schwache Negationen der blauen Ökonomie zu verstehen, da sie dieser in vielen Hinsichten verhaftet bleiben. Dies erklärt letztlich auch ihre relativ rasche Hinwendung zur blauen Ökonomie, wenn sie in Krisen geraten. Die Hauptgegensätze zur blauen Ökonomie sind in der beschränkteren Monetarisierung zu sehen, in der Priorität der Produktion für Grundbedürfnisse, in Vollbeschäftigung als Selbstzweck, in Planung von Produktion, Verteilung und Verbrauch und in staatlicher Kontrolle des gesamten wirtschaftlichen Zyklus. Rote Systeme, in denen die Wirtschaft ganzer Länder zu einem einzigen Unternehmen wird, sind älter als die blauen.[14] In jüngerer Zeit wurden Systeme der roten Ökonomie jedoch überwiegend in Reaktion auf In- und

Externalitäten der blauen Ökonomie entwickelt, ohne sich allerdings auf vergleichbar elaborierte theoretische Fundierungen stützen zu können, wie sie die ökonomische Theorie in der Tradition von Adam Smith bereitstellt.

Die *grüne Ökonomie* stellt eine stärkere Negation der blauen Wirtschaftsform dar, da sie auf lokal oder regional beschränkten wirtschaftlichen Zyklen beruht und nicht zur Expansion tendiert. Sie unterstreicht vielmehr Autarkie und setzt auf eher kleine, horizontale Strukturen. In ihr dominieren nicht Kapital oder Staat, sondern Vereinigungen und Organisationen, welche die zivile Gesellschaft bilden. Die grüne Ökonomie orientiert sich nicht an materiellem, wirtschaftlichem Wachstum und begreift Produktion für Profit oder Planerfüllung nicht als Ziele, die um ihrer selbst willen zu verfolgen wären. Abgelehnt wird das sowohl für die blaue als auch die rote Ökonomie typische instrumentale Verhältnis gegenüber der Natur. Charakteristisch sind bedürfnisorientierte Produktion, kleine Organisationen, Produktion für den Ersatz, lokale Märkte, geringe oder keine Monetarisierung, Nachhaltigkeit und Beachtung der Belastbarkeit des Planeten.[15]

Zwei weitere Typen von Ökonomien können durch Kombination gewonnen werden. Die *gelben Ökonomien* Japans und Chinas (der jüngeren Zeit) lassen sich als Verbindungen von blauer und roter Ökonomie interpretieren, unbehindert von Grün. Im Falle der *rosaroten Ökonomien* handelt es sich um eine Mischform von Blau, Rot und Grün. Eine ihrer grundlegenden Eigenheiten besteht darin, Extreme zu vermeiden und Symbiosen zu bilden. Darunter fallen im wesentlichen die Ökonomien der west- und nordeuropäischen Länder, so z. B. auch das Modell des „rheinischen Kapitalismus".

Als Besonderheiten des rosaroten, rheinischen Kapitalismus sind im Vergleich zu den exemplarischen Fällen der blauen Ökonomie (USA und Großbritannien) die größere Bedeutung des staatlichen Sektors hervorzuheben, die ausgeprägtere Arbeitssicherheit und die geringere Mobilität der Arbeit, die Institutionalisierung von Mitbestimmung, die den Gegensatz von Kapital und Arbeit schwächt sowie der starke Organisationsgrad von Kapital und Arbeit in Unternehmerverbänden und Gewerkschaften. Hinzu kommen eine schwächere Shareholder-Orientierung des Managements und eine besonders starke Position der Banken, die aus diesem Grunde auch als „Hüter des rheinischen Kapitalismus" bezeichnet werden. Das Geld der Unternehmen wird in geringerem Maße über den Kapitalmarkt aufgebracht als über Bewertungen der Unternehmen durch Banken, welche diese bestens kennen und auch über Sitze in den Aufsichtsräten der Unternehmen verfügen.[16]

Was Effekte und Implikationen der verschiedenen Ökonomien betrifft, so sind an positiven Internalitäten der blauen Ökonomie insbesondere die große Menge an Gütern und Dienstleistungen von großer Unterschiedlichkeit und hoher Qualität hervorzuheben sowie der hohe materielle Lebensstandard, den diese Wirtschaftsform im Vergleich zur roten und grünen Ökonomie mit sich bringt. Zu ihren positiven Externalitäten zählen vor allem Aspekte von Entropie, wie Herausforderung, Ungewissheit, Kreativität, Risikobereitschaft und Anregungen aller Art. Lang ist aber auch die Liste negativer Externalitäten, auf welche sowohl die soziale und ökologische, als auch die künstlerische Kritik reagiert haben. Zu den markanteren dieser Effekte gehören Erschöpfung und Verschmutzung der Natur bzw. fehlende Nachhaltigkeit, Atomismus, Materialismus und Konsumismus, Fragmentierung und Marginalisierung. Hinzu kommen die Verbreitung von Kriminalität und Korruption, das hohe Maß an direkter, aber auch struktureller Gewalt und schließlich die Reproduktion und Verstärkung von Ungleichheit, insbesondere im Verhältnis von Zentrum und Peripherie im Weltmaßstab, wobei das Gefälle zwischen dem Zentrum des Zentrums und der Peripherie der Peripherie zunimmt, ungeachtet aller Behauptungen von einer Peripherisierung des Zentrums.[17]

Die negativen Externalitäten der roten Ökonomie, die in jüngerer Zeit deren vielleicht endgültigen Untergang herbeigeführt haben, sind vorwiegend im gestörten ökologischen Gleichgewicht zu sehen, in der Beschränkung der kulturellen Entwicklung, in der Herausbildung neuer Klassen und neuer Formen von Ausbeutung sowie in der materialistischen Fasziniertheit durch materielle Produktion. Zu den negativen Externalitäten der grünen Ökonomie zählen Selbstausbeutung, vertikale Ungleichheit und schwache Symbiosen zwischen den verschiedenen lokalen Gemeinschaften, eine zu starke Binnenbezogenheit dieser Gemeinschaften und insgesamt ein Mangel an Dynamik. Die Schwächen der rosaroten Ökonomie resultieren aus einer Kombination der negativen Externalitäten der anderen Ökonomien, wenn auch in abgemilderter Form. Hinzu kommen Unschärfe und tendenziell Langeweile. Zu den negativen Implikationen der gelben Ökonomie, für die eine enge Kooperation der Eliten von Staat und Kapital charakteristisch ist, gehören der große Arbeits- und Produktionsdruck, die schwache Beteiligung an Entscheidungsprozessen sowie der Ausschluss und die Benachteiligung kleinerer Einheiten gegenüber Großorganisationen.

III. Von der rosaroten zur blauen Ökonomie

Versucht man, die künstlerische Produktion im Hinblick auf die idealtypisch unterschiedenen Ökonomien zu verorten und beschränkt man sich dabei auf die jüngste historische Phase seit der Mitte des 20. Jahrhunderts, dann fällt ins Auge, dass jener Typus von künstlerischer Produktion, der sich in die internationale Kunstgeschichte einzuschreiben vermag, im wesentlichen aus den kulturellen Feldern von zweien der fünf Systeme hervorgegangen ist – denen der blauen und der rosaroten Ökonomie. Nur diese Ökonomien verfügen über institutionelle Strukturen bzw. über die Macht, die Produktion ihrer Künstler/innen mehr oder weniger global und dauerhaft sichtbar werden zu lassen.

Dies lässt sich empirisch an Hand einer Sekundäranalyse der Daten des Kunstkompass' der Zeitschrift Capital belegen. Er enthält Zeitreihendaten, die von der Forschung bislang nur ansatzweise genutzt wurden.[18] Diese Quelle gibt für die Jahre von 1970 bis 2001 unter anderem Aufschluss über die territoriale Herkunft der Künstler/innen, welche die stärkste Präsenz in den internationalen Ausstellungsinstitutionen aufweisen.

Aus der Betrachtung der Anteile der Künstler/innen mit der weltweit höchsten Sichtbarkeit, die ursprünglich aus Ländern kamen, die der roten, gelben oder grünen Ökonomie zugeordnet werden können, ergibt sich vor dem Hintergrund des Diskurses über die kulturelle Globalisierung ein nicht unbedingt zu erwartendes Bild. Die kumulierten Anteile der Künstler/innen aus diesen drei Ökonomien bewegten sich in den drei vergangenen Jahrzehnten lediglich in einer Größenordnung von 1 % bis 10 %. Bemerkenswerterweise zeigt die entsprechende Kurve, entgegen gängigen Annahmen zur Dynamik der Globalisierung, weder einen linearen, noch einen exponentiellen, sondern vielmehr einen U-förmigen Verlauf. Am höchsten waren die Anteile der Künstler/innen, die nicht aus den von der blauen bzw. rosaroten Ökonomie geprägten Ländern des Nordwestens der Welt stammen, Anfang der 1970er Jahre und ab der zweiten Hälfte der 1990er Jahre. Am niedrigsten lagen die Werte gegen Ende der 1980er Jahre, als die „euroethnische Kunst" (Adrian Piper) und deren institutioneller Rahmen offensichtlich besonders starke Abschottungstendenzen gegenüber dem „Anderen" aufwiesen. Dabei ist allerdings zu berücksichtigen, dass die überwiegende Zahl der Künstler/innen mit hoher Sichtbarkeit, die nicht aus dem Nordwesten der Welt stammen, in den Zentren der blauen und der rosaroten Systeme leben und arbeiten. Um Erfolg zu haben sind sie gezwungen, sich vorübergehend oder – der typischere Fall – dauerhaft in deren Metropolen wie New York, London, Paris oder Berlin zu begeben.[19]

Was die jüngeren Entwicklungen betrifft, so lässt sich folgende Diagnose über die Dynamik dieser fünf Ökonomien formulieren: das System der roten Ökonomie ist an seinen negativen Externalitäten wahrscheinlich endgültig gescheitert, es verwandelt sich in unterschiedliche Spielarten der blauen Ökonomie.[20] Das grüne System scheint in die Defensive gedrängt, gewissermaßen in Deckung gegangen. Das rosarote System befindet sich in Auflösung, die sozialen Kräfte, welche hinter seinen blauen Komponenten stehen, treten zunehmend stärker in den Vordergrund. Und auch das gelbe System ist dabei, sich in ein blaues zu verwandeln.

Konzentriert man sich auf die Auflösung des rosaroten Systems, so setzte dieser Prozess in einigen Ländern bereits in den 1970er Jahren ein, parallel zum Übergang vom Fordismus zum Postfordismus. In Ländern wie Deutschland und Frankreich kam die Mutation erst in den 1980er Jahren in Gang. Diese Entwicklung, die von einigen französischen Theoretikern in prägnanterer Form beschrieben wurde, als dies die Systemtheorie geleistet hat, blieb nicht ohne Konsequenzen für die gesellschaftliche Stellung und den sozialen Gebrauch der Kunst.

So spricht etwa Gilles Deleuze diesen Übergang in seiner metaphorischen Skizze über die Kontrollgesellschaft an, die er im Jahre 1990 verfasste. Er stellt eine tiefgreifende Mutation des Kapitalismus' fest.[21] Im gewandelten Kapitalismus dominieren Kontrollformen mit freiheitlichem Anstrich. Charakteristisch für die Ökonomie der Kontrollgesellschaft erscheint nicht mehr die „Fabrik" als zentrale Organisation der Überwachung des sozialen Körpers, sondern vielmehr das „Unternehmen". Es verbreitet Rivalität, Wetteifer und andere Motivationen, welche die Individuen zueinander in Gegensatz bringt. Auch die staatlichen Einrichtungen werden durch das korporative Modell verführt und orientieren sich zunehmend an diesem. Den gewandelten Kapitalismus sieht Deleuze nicht mehr an der Produktion orientiert, die oftmals in Länder der Peripherie ausgelagert wird. Der neue Kapitalismus favorisiere vielmehr Dienstleistungen, Verkauf und Marketingstrategien, die zu einem zentralen Instrument der sozialen Kontrolle werden. Ähnlich wie die Theoretiker der Interpenetration und Entdifferenzierung[22] stellt Deleuze darüber hinaus fest, dass sich ehemals geschlossene gesellschaftliche Milieus mit ihren jeweils eigenen Gesetzen auflösen. Dies gilt auch für das „Milieu der Kunst", deren sozialen Gebrauch in der mutierten Ökonomie er folgendermaßen charakterisiert: „Sogar die Kunst hat die geschlossenen Milieus verlassen und tritt in die offenen Kreisläufe der Bank ein".[23]

Michel Foucault und die Gouvernementalitätsstudien, die an ihn anschließen, bringen wichtige Aspekte des Übergangs von der rosaroten in die blaue Ökonomie in besonders prägnanter Weise auf den Begriff. Beruht die rosarote Ökonomie auf der Vorstellung eines Marktes, der von politischer Regulierung und von staatlichen Interventionen gestützt wird, so breitet sich aus dieser theoretischen Perspektive nicht so sehr ein deregulierter, sondern ein in anderer Weise regulierter Kapitalismus aus.[24] Der Markt wird zum organisierenden und regulierenden Prinzip des Staates und der Gesellschaft, die Regierung zu einer Art Unternehmen, das sich die Ausweitung des Wettbewerbs und die Konstruktion marktförmiger Handlungssysteme für Individuen und Makroindividuen zum Ziel setzt. Eine ökonomische Rationalität umfasst tendenziell alle Formen menschlichen Verhaltens, es kommt zu einer umfassenden Ökonomisierung des Sozialen und Kulturellen.[25] Organische Intellektuelle dieser Tendenzen, wie Gary S. Becker, Nobelpreisträger aus Chicago, sprechen im Bewusstsein der Hegemonie dieser Strömung selbst von einem „ökonomischen Imperialismus".[26]

Unter den Bedingungen neoliberaler Gouvernementalität wird die Subjektivität nicht unterdrückt, sondern vielmehr aktiviert. Es kommt zur Förderung von Selbsttechnologien, die an Regierungsziele wie Effizienz gekoppelt werden können. Autonomie, Verantwortung und Wahlfreiheit werden auf diese Weise zu subtilen Instrumenten der Führung von Subjekten. Von diesen wird ein Art Selbstmanagement erwartet, das nicht bloß die Arbeitskraft, sondern tendenziell die ganze Person mobilisiert. Jeder einzelne soll sich als eine Art Unternehmen begreifen und entsprechend führen. Die neoliberale Individualisierungsstrategie zielt jedoch nicht nur auf individuelle, sondern ebenso auf kollektive Akteure, insbesondere auch auf öffentliche Einrichtungen, z. B. Verwaltungen, Universitäten und Kulturinstitutionen wie Museen. Sie sehen sich von staatlicher Seite aufgefordert, nach dem Vorbild privater Unternehmen flexibel, autonom, kundenorientiert zu werden und sich an einem Wettbewerb zu beteiligen, der in der Konsequenz vertikale Differenzen schafft und die schwächeren Einheiten eliminiert.

Gegen Pierre Bourdieu und dessen Kritik der „neoliberalen Invasion" wird seitens der Gouvernementalitätsstudien eingewandt, dass er die Transformation der Ökonomie in einer zu konventionellen Weise fasse, nämlich als einen Prozess der Zurückdrängung des Staates.[27] Die soziale Konstruktion dieses Wandels erscheint Bourdieu als eine von *think tanks*, organischen Intellektuellen und internationalen Organisationen von langer Hand vorbereitete „konservative Revolution", deren Bestreben dahin geht, Marktwerte auf alle Bereiche des Lebens auszudehnen. Neben den Versuchen, „den Staat zurückzudrängen", hat Bourdieu aber durchaus auch manche der Tendenzen gesehen, die vom Gouvernementalitätsansatz unterstrichen werden. So schreibt er etwa, dass nun von „jedem einzelnen" verlangt werde, „sich selbst auf dem Markt zu präsentieren, sich auf irgendeine Art zum Unternehmer seiner selbst zu machen".[28] Ein Kult des Individuums und des Individualismus, eine kalkulierende Mentalität und eine neue darwinistische *doxa* durchdringen das gesamte Leben.

Wurden im System der rosaroten Ökonomie Gewinne auf der Grundlage der Produktivität der Arbeit erzielt, so wird im neuen System – das sich ohne die Rolle des Finanzsystems und der Aktienkultur nicht verstehen lässt – Profit über eine Absenkung von Löhnen und Gehältern sowie durch Entlassungen erzielt. Die konstante Bedrohung der Verschlankung stellt das Leben unter die Zeichen von Ungewissheit und Unsicherheit. Das System hat Unsicherheit zur Grundlage und übt Herrschaft mittels Prekarität und der Drohung ihrer Verbreitung aus.

In dieser Ökonomie wächst der Anteil der kulturellen Aspekte der ökonomischen Produktion, wie F & E, Entwurf, Planung, Werbung, Marketing und Finanzverwaltung beständig. Die Ökonomie selbst wird zunehmend immateriell – sie produziert in erster Linie immaterielle Güter, Information und kulturelle Produkte. Somit kann sie auch als eine Ökonomie der intelligenten Arbeit erscheinen, die lediglich den Intelligenten und Kompetenten vorbehalten ist.

In den unteren Regionen des sozialen Raumes bildet sich angesichts der Verbreitung anspruchsloser Dienstleistungstätigkeiten eine neue „Gesellschaft von Dienern" heraus. Am anderen Ende des sozialen Raumes lernen auch die Manager und leitenden Angestellten eine neue Form der Entfremdung kennen, die als „Unsicherheit einer gehetzten Klasse" beschrieben werden kann. Sie erzielen zwar hohe Einkommen, finden aber kaum Zeit, sie auszugeben. Diese Klasse ist mittlerweile mit hohem kulturellen Kapital ausgestattet, so dass sich alte Gegensätze wie die zwischen Künstler und bourgeoisem Philister auflösen. Dies verleiht dieser Klasse Selbstvertrauen und erklärt auch ihre Nähe zu einer Kunst wie der zeitgenössischen, deren symbolische Aneignung ein relativ hohes Maß an kulturellem Kapital voraussetzt.

Luc Boltanski und Eve Chiapello schreiben in ihren Studien über den neuen Geist des Kapitalismus auch der auf die Romantik zurückgehenden, jedoch erst in den 1960er Jahren auf breiterer Basis artikulierten „künstlerischen Kritik" eine wesentliche

Rolle in Zusammenhang mit der beobachteten Reorganisation des Kapitalismus zu. Der Wandel geht ihrer Auffassung nach nicht zuletzt auf die Übernahme der Forderungen nach mehr Autonomie, Kreativität und authentischeren sozialen Beziehungen zurück, wie sie insbesondere von der künstlerisch-intellektuellen Kritik – im Gegensatz zu der stärker auf die soziale Ungleichheit zielenden „Sozialkritik" – artikuliert wurden.[29] Der durch diese Kritik inspirierte „dritte Geist" des Kapitalismus, den sie sowohl vom Geist der protestantischen Ethik als auch von dem für die rosarote Ökonomie charakteristischen „zweiten Geist" des Kapitalismus abheben, zeichnet den neuen Kapitalismus der Globalisierung und Vernetzung, der Innovation, Kreativität und des ständigen Wandels aus.

Die Gouvernementalitätsstudien verweisen in Zusammenhang mit dem Wandel der rosaroten Ökonomie auf den Einfluss der Chicagoer-Schule der Wirtschaftstheorie, welche den Ordo-Liberalismus der sozialen Marktwirtschaft als eine obsolete Lehre erscheinen ließ. Boltanski und Chiapello wiederum betonen den Einfluss der „künstlerischen Kritik", aber auch die Entdifferenzierung von Kunst und Ökonomie. Bourdieu hingegen hat in erster Linie einen kulturimperialistischen Diffusionsprozess vor Augen, nämlich den erfolgreichen Export US-amerikanischer Modelle.

Ein solcher Export war kaum irgendwo deutlicher sichtbar als im sozialen System der Kunst, wo im Grunde alle wesentlichen jüngeren Neuerungen im Bereich der sozialen Organisation dieses Feldes etwa in Deutschland sich an US-amerikanischen Vorbildern orientieren, d. h. an Mustern aus dem Zentrum der blauen Ökonomie. Davon zeugt die Übernahme einer Vielzahl angelsächsischer Begriffe. Ausdrücke wie etwa Sponsoring, Fund-

Raising, Corporate Collecting, Joint-Venture, Public-Private Partnership, Foundation, Art Consulting zirkulieren auch in den deutschsprachigen Kunstfeldern.

Zu denken ist in diesem Zusammenhang aber auch an Umorientierungen, die auf Beobachtungen US-amerikanischer Entwicklungen beruhen und dann mit einer gewissen zeitlichen Verzögerung in Deutschland oder in Frankreich nachvollzogen werden. Dazu zählt die Delegitimierung von Sponsoring zugunsten der Orientierung an subjektivitätsorientierten Strategien. Diese zielen auf unternehmensinterne Effekte, wie auf die Erhöhung von Innovationsbereitschaft oder Flexibilität und ähnliche, in der blauen Ökonomie in besonderem Maße geschätzte Schlüsselqualifikationen.[30] Unternehmensinterne Effekte sind, wie aus der empirischen Studie von Chin-tao-Wu hervorgeht[31], mittlerweile zu Hauptmotiven für das „Corporate Collecting" im Zentrum der blauen Ökonomie geworden. Ein anderes Beispiel wären die aus der US-amerikanischen Literatur bereits des längeren bekannten Parallelisierungen von Unternehmer- und Künstlerrollen. Dafür muss gewöhnlich ein heroisches, frühmodernistisches Bild der künstlerischen Rolle herhalten, aber auch Formulierungen von Joseph A. Schumpeter werden aufgegriffen – bereits in den 1980er Jahren verstand sich etwa Donald Trump, eine Symbolfigur der Entrepreneurkultur der Ära Reagan, als Künstler.[32]

Eve Chiapello hingegen klammert in ihrer Erklärungsskizze für die Annäherung der Logiken von Kunst und Ökonomie in der in Auflösung begriffenen rosaroten Ökonomie Hypothesen aus, die auf asymmetrischen kulturellen Tausch bzw. kulturelle Penetration durch die blaue Ökonomie hinauslaufen. Diese Annäherung setze in den 1980er Jahren ein.[33] In dieser Zeit – der

Ära Mitterand und Jack Lang – wurde die wirtschaftliche Dimension der Kultur anerkannt und eine Aussöhnung zwischen Kunst und Wirtschaft herbeigeführt. Es wurde eine dynamische Politik zugunsten der zeitgenössischen künstlerischen Produktion betrieben, Kunst und Kultur erfuhren genauso Befürwortung wie das Management und die Industrialisierung.

Im Wirtschaftsbereich bildeten sich neue Verwaltungsformen heraus, die frappante Ähnlichkeit mit „avantgardistischen" Abläufen zeigen. Das Management öffnete sich gegenüber Rationalitäten, Denk- und Verhaltensweisen, die ihm bislang fremd gewesen waren. Den Arbeitnehmern wurden Autonomie und 'Kreativität' zugestanden, was wiederum die Akzeptanz des Managements in der Kunstwelt erhöhte. Projektorientierung bzw. Positionen wie „Projektleitung" kann man in der zeitgenössischen Kunst wie im Management von Unternehmensstrukturen finden. Auf diese Weise bietet das Management der traditionellen Kritik der Künstler weniger Angriffspunkte, zumal auch die Figur des reichen ungebildeten Bürgers mit kleinkarierten Moralvorstellungen verschwindet und sich eine neue Bourgeoisie nicht nur mit hohem kulturellen Kapital, sondern auch mit bohemartigen Dispositionen herausbildet („bourgeois bohème").

Aufgrund der Expansion des höheren Bildungssystems – so lautet der morphologische Teil von Chiapellos Erklärung – wuchs auch das Publikum der zeitgenössischen Kunst. Gleichzeitig stieg die Zahl der Künstler/innen stark an. Diese können nun bereits zu Lebzeiten mit Belohnungen rechnen. Da sie komplexere Kunst herstellen, sind sie auf die Kooperation mit Verwaltungsspezialisten angewiesen. Gleichzeitig wurden die Vorstellungen von Kunst, Künstler und Autor, die aus der Romantik stammen, und die damit verbundenen quasi-theologischen Vorstellungen von Schöpfung (statt arbeitsteiliger Produktion) in Frage gestellt. Gegen die charismatische Vorstellung eines dem Alltag und der gewöhnlichen Ökonomie entrückten Künstlers, wurde die Rolle eines Dienstleistenden, dem Honorarforderungen zustehen, gesetzt. Auch solche Entwicklungen schwächen die strukturelle Basis der künstlerischen Kritik.

Die Annäherung von Kunst und Ökonomie in der Phase des Übergangs von der rosaroten in die blaue Ökonomie wird auch durch die Ergebnisse der kunstsoziologischen Forschung des Kunstraums der Universität Lüneburg dokumentiert. So wurden in der ersten Hälfte der 1990er Jahre eine Reihe von Befragungen in den zeitgenössischen Kunstfeldern von Deutschland, Österreich und Frankreich durchgeführt. Diese bezogen sich u. a. auf die Akzeptanz von Sponsoring, auf die Einstellungen gegenüber der Ökonomisierung von Kunstinstitutionen in Form ihrer Steuerung gemäß betriebswirtschaftlichen Kriterien sowie auf die Beurteilung des Einsatzes von Kunst für Marketingziele von Städten. Die Ergebnisse dieser Befragungen, die sich auf Stichproben von mehr als 2000 Besuchern zeitgenössischer Kunstausstellungen stützen, wiesen in den verschiedenen Feldern in eine ähnliche Richtung.[34] In allen Feldern zeigte sich eine breite Akzeptanz des korporativen Engagements und der Ökonomisierung des Kunstfeldes, und zwar nicht nur im breiten Publikum, sondern teilweise auch im Zentrum des Kunstfeldes, also unter Künstlern, Kuratoren und Kritikern, also jenen Kreisen, denen am ehesten anti-ökonomische Tendenzen zugeschrieben werden.[35] Nur rund ein Viertel bis ein Drittel zeigte sich skeptisch oder kritisch gegenüber der Ökonomisierung und dem Bedeutungszuwachs korporativer Akteure. In manchen Hinsichten war die Akzeptanz der Ökonomisierung im Zentrum des französischen Kunstfeldes am größten, was die Ergebnisse der Studie von Chiapello stützt. Auf breitere Ablehnung stieß in Paris ebenso wie in Wien und Hamburg lediglich die Idee, die Unterhaltungsaspekte von Kunstausstellungen zu verstärken, also die Ausstellungspolitik nach dem Vorbild kommerzieller Massenmedien an Quotenkriterien zu orientieren. Die Veränderung der sozialen Organisation des Kunstfeldes in Form des Imports von Modellen aus der blauen Ökonomie wurde nach diesen Ergebnissen im Kunstfeld hingegen auf breiter Basis unterstützt oder zumindest akzeptiert.

Für die zweite Hälfte der 90er Jahre und die jüngere Vergangenheit ist ein entsprechendes Datenmaterial nicht verfügbar. Es gibt allerdings eine Reihe von Hinweisen, dass sich das Spektrum der Einstellungen in dieser Zeit stärker polarisierte. Einerseits setzen Politikwissenschaftler für die Mitte der 1990er Jahre die Wiederbelebung des aus den 50er und 60er Jahren bekannten Amerikanismus in Deutschland an. Er war positiv motiviert von der dauerhaften Konjunktur und dem Hype um die neue Ökonomie in den USA sowie von der Popularität Bill Clintons in Europa[36], negativ von den ökonomischen Problemen, in die Deutschland insbesondere auf Grund der negativen Externalitäten der Wiedervereinigung geriet, alles Faktoren, die in dieser Zeit dazu beitrugen, das in den 1980er Jahren vielfach noch als erfolgreich eingestufte rheinische Modell des Kapitalismus zu delegitimieren. Zum Amerikanismus dieser Zeit gehörte, dass die Forderung nach Orientierung an den USA auch im Kunstfeld explizit erhoben wurde. Beispiele sind die Diskussion um die Veränderung der rechtlichen Rahmenbedingungen für das Sponsoring, oder die Politik von Jean Christophe Ammann, der sich bereits als Direktor des Frankfurter Kunstmuseums und als verantwortlicher Kurator für den deutschen Beitrag für die Biennale in Venedig 1995 als dezidierter Verfechter einer korporativen Kunstförderung exponiert hatte.[37] Auf der anderen Seite kam Mitte der 90er Jahre im intellektuellen Feld die Kritik an der vorherrschenden Form der Globalisierung und an der Ausbreitung von Modellen der blauen Ökonomie auf. Und mit den Misserfolgen der US-amerikanischen Ökonomie, mit George W. Bush als Präsidenten und mit der gegen die „Achse des Bösen" gerichteten Außenpolitik kam auch in Teilen Europas ein Anti-Amerikanismus auf, der auf der Ebene der Einstellungen der Gesamtbevölkerung die Vorbehalte gegenüber den USA, wie sie zu Zeiten der Spätphase des Vietnamkrieges herrschten, sehr deutlich übertraf.[38]

Die Artikulation eines organisierten, offenen Anti-Ökonomismus im deutschen Kunstfeld ist mit der „Messe 2ok" in Köln im Jahre 1995 anzusetzen. Diese Veranstaltung stand unter dem Thema „talking economics", wobei sich die Kritik u. a. auf den „Sponsoring-Hype" und auf das „Siemens Kulturprogramm" im Speziellen richtete. Kurz zuvor war, als Symptom der gleichen Tendenz, auch der gemeinsame Band „Freier Austausch" von Pierre Bourdieu und Hans Haacke[39] erschienen, der sich gegen die Zensur im US-amerikanischen Kunstfeld, aber auch gegen die Übernahme US-amerikanischer Modelle der sozialen Organisation und des sozialen Gebrauchs der Kunst richtete. Seit dieser Zeit wird im Kunstfeld auch die „Autonomie" im Sinne negativer Freiheit stärker thematisiert.

Hans Haacke selbst kam vor dem Hintergrund des seit den 1970er Jahren intensivierten korporativen Kunstengagements in den USA zu dem Schluss, dass eine direkte und nachweisbare inhaltliche Einmischung durch Unternehmen selten zu beobachten sei, da im Zuge der Professionalisierung des korporativen Engagements die Spielregeln des Feldes stärker verinnerlicht worden seien. Aus seiner Sicht liegen die Probleme in erster Linie bei der Orientierung von Unternehmen an publikumsträchtigen und medienwirksamen Projekten und bei einer nicht gewährleisteten Kontinuität der Förderung. Unternehmen ändern ihre Präferenzen nicht selten und schwenken etwa von der Kunstförderung zur Sozial- oder Umweltförderung, geben ihr Kunstengagement bisweilen unvermittelt auf, wenn die Ertragslage sich verschlechtert, oder wenn an Kunst interessierte Vorstandsmitglieder ausscheiden.[40]

Chiapello setzte sich eingehend mit den Zwängen auseinander, denen die künstlerische Arbeit unterliegt. Sie unterscheidet Terminzwänge (z. B. Zeitpunkt einer Ausstellung), Pensumszwänge (z. B. Menge der Arbeiten, die beim Galeristen abzuliefern sind), Verfahrenszwänge (z. B. Kooperationspartner, die Künstlern aufgedrängt werden), Bestimmungszwänge (z. B. Budgets, die nicht überschritten werden dürfen) und inhaltliche Zwänge, deren äußerstes Moment, der direkte Eingriff in die Arbeit ist.[41] Alice Creischer und Andreas Siekmann prägten den Begriff der „Veranstaltungsautonomie", den man dieser Liste noch hinzufügen kann. Damit meinen sie die Kontrolle über den gesamten medialen Rahmen einer Ausstellung, die sie als Bestandteil einer autonomen kulturellen Äußerung interpretieren. Vor allem die Veranstaltungsautonomie scheint ihnen in den üblichen vertraglichen Vereinbarungen mit korporativen Förderern nicht hinreichend gesichert, was sie auch zur demonstrativen Ablehnung einer Kooperation mit dem Siemens-Kulturprogramm auf der „messe 2ok" veranlasste.[42]

Michael Lingner hingegen setzt bei der Durchdringung der

beteiligten Subjekte durch die Logik der Ökonomisierung an. Gestützt auf die Luhmannsche Systemtheorie betont er, dass nur dann, wenn die das System der Kunst betreffenden Entscheidungen zuallererst nach den Regeln der ihr eigenen Logik getroffen werden, von Autonomie die Rede sein könne. Die Veranlassung von Zahlungen wurde aus seiner Sicht nicht nur zum Ziel wirtschaftlichen Handels erhoben, sondern auch zu einem Endzweck künstlerischer Praxis, sodass er von „künstlerisch larvierten, an sich aber wirtschaftlich motivierten Entscheidungen" spricht.[43] In der Öffentlichkeit müssten sich „Werke wie Schöpferinnen" so präsentieren (lassen), dass sie weiter als autonom erscheinen. Die entsprechenden Verleugnungs-, Verstellungs- oder Verdrängungsleistungen zu erbringen, gehöre zu den mittlerweile unabdingbaren Voraussetzungen für den Erfolg und die Karriere in einem ökonomisierten Kunstbetrieb.

Lingners Einschätzung mag der Tendenz nach zutreffend sein, übergeht allerdings wichtige Aspekte von (sozialer) Autonomie im künstlerischen Feld. So ist auch in einem sozialen System der Kunst, das von der Ökonomisierungslogik durchdrungen ist, die symbolische Anerkennung der künstlerischen Arbeit durch *Peers*, also andere Künstler/innen, nach wie vor von außerordentlicher Bedeutung, während die materiellen Belohnungen in diesem kulturellen Feld traditionell nicht unter Kontrolle der Produzenten stehen.[44] Andererseits ist ein nennenswerter Teil der Künstler/innen nicht in dem Maße auf ökonomischen Erfolg angewiesen, wie bei Lingner vorausgesetzt, sei es auf Grund privilegierter sozialer Herkunft, sei es auf Grund von Reproduktion durch außerkünstlerische Tätigkeit.

Der Rekurs auf Motivationen – ökonomisch motivierte, aber künstlerisch larvierte Entscheidungen – hat zudem den Nachteil, im Gegensatz zu beobachtbaren Effekten kaum überprüfbar zu sein. Was Effekte des korporativen Kunstengagements betrifft kann auf zwei Datenquellen rekurriert werden, wobei die eine direkte, die andere indirekte Evidenz enthält.

Das korporative Kunstengagement hat eine lange Tradition im Zentrum der blauen Ökonomie. Es kann in den USA bis in die dreißiger Jahre zurückverfolgt werden. Auf breitere Basis gestellt wurde es allerdings erst in der zweiten Hälfte der 1970er Jahre, und zwar mit stark steigender Tendenz.[45] Dieser Zeitraum ist hinreichend lang, um den Effekt zu prüfen, welchen das korporative Engagement der Unternehmen, die nach Schätzungen mittlerweile rund die Hälfte der Käufe auf dem US-amerikanischen Kunstmarkt tätigen, für die internationale Sichtbarkeit der US-amerikanischen Kunst gehabt hat.

Zieht man die Daten des Capital-Kunstkompass' heran und erstellt auf dieser Grundlage eine Zeitreihenkurve, dann ergibt sich eine bemerkenswerte inverse Entwicklung, technisch gesprochen also eine negative Korrelation: Korrespondierend mit der Intensivierung des korporativen Engagements seit den späten 1970er Jahren in den USA lässt sich ein Abwärtstrend der Sichtbarkeit der US-amerikanischen Kunst in den wichtigsten Kunstinstitutionen der Welt erkennen. Der Anteil der US-Künstler/innen an allen Top 100 Künstler/innen geht von nicht weniger als 50 % im Jahre 1978 auf 33 % im Jahre 2001 zurück.[46] Verstärktes korporatives Engagement im Kunstfeld auch auf der Ebene von Ankäufen zieht gemäß diesen Daten einen „Qualitätsverlust" gemessen an den feldimmanenten Kriterien nach sich und hat somit auch einen Bedeutungsverlust in dem (durch Zugangsbarrieren für die Länder der roten, gelben und grünen Ökonomie beschränkten) internationalen Wettbewerb zur Folge. Eine solche Korrelation ist allerdings lediglich ein Hinweis auf einen Kausalzusammenhang. Ein solcher müsste im Rahmen multivariater Analysen noch bestätigt werden, welche Drittfaktoren kontrollieren, die potentiell einen Einfluss sowohl auf das korporative Kunstengagement haben als auch auf die Qualität bzw. die internationale Sichtbarkeit der Kunst. Für einen Kausalzusammenhang sprechen allerdings die Kriterien, denen korporative Investitionen in Kunst oftmals folgen – breite Akzeptanz, Abwesenheit kontroversieller Referenzen, standortbezogene, d. h. regionale Orientierung.[47]

Auf die Bedeutung dieser Kriterien für das korporative Kunstengagement verweisen insbesondere auch die Ergebnisse der groß angelegten Studie von Victoria Alexander. Die US-amerikanische Soziologin untersuchte die Effekte von vier Formen der Kunstförderung. Sie erfasste nicht weniger als rund 4000 Ausstellungen, die in den 1960er, 1970er und 1980er Jahren in 15 der wichtigsten US-amerikanischen Kunstmuseen gezeigt wurden, unter ihnen das Museum of Modern Art, das Whitney Museum in New York City und das Art Institute of Chicago.[48] Sie zeigte auf, dass Unternehmen im Gegensatz zu Privatpersonen – im Regelfall wohlhabende Sammler/innen – wie auch zu Stiftungen mit Vorliebe Museen und Ausstellungen unterstützen, welche ein breites Mittelschichtpublikum anziehen. An Insidern und einem Fachpublikum sind sie in geringerem Masse interessiert. Die Zielgruppen der korporativen Förderung streuen auch weniger breit als die der staatlichen Förderung, welche einerseits in stärkerem Masse auf Präferenzen unterprivilegierter Schichten Rücksicht zu nehmen versucht, andererseits auch häufiger Ausstellungen mit avancierter Kunst unterstützt. Was die Sammlungsstrategien von Unternehmen betrifft, so zeigte bereits die beschränktere Studie von Martorella, dass diese zum Ankauf von verständlichen und nicht-kontroversiellen zeitgenössischen Arbeiten tendieren.[49] Alexander weist im Rahmen komplexer statistischer Analysen einen Zusammenhang zwischen der Zunahme von Blockbuster- und Wanderausstellungen einerseits und dem verstärkten Engagement von Unternehmen andererseits nach. Unternehmen nehmen diesen Analysen zufolge nicht oder nur selten direkt einen Einfluss auf Inhalte von Ausstellungen. Es greift vielmehr der Mechanismus, dass sowohl Museen, als auch Unternehmen über ein „Portfolio" präferierter Ausstellungstypen verfügen, die sie bereit sind, zu realisieren bzw. zu fördern. Die Akzeptanz von korporativer Unterstützung führt auf diese Weise zu einer Zunahme jenes Typs von Ausstellungen, für welchen es eine Überlappung in den Portfolios gibt. Auf diese Weise kommt es auch ohne direkte Steuerung zu einer vermehrten Präsentation populärer und nicht-kontroversieller Kunst.

Einer der Haupteffekte der Veränderung der sozialen Organisation der Kunst beim Übergang von der rosaroten in die blaue Ökonomie weist somit in Richtung einer Verstärkung jener Unterhaltungs- und Eventorientierung von Kunstpräsentationen, welche im Kunstfeld laut den Ergebnissen unserer Forschung nach wie vor auf breiter Basis abgelehnt wird. Dieser Wandel, der sich in jüngerer Zeit etwa in Slogans wie „Kunst für Kunden" oder „Diktatur des Publikums" manifestiert[50], wird im Kunstfeld selbst allerdings nicht unbedingt auf das verstärkte Engagement von Unternehmen zurückgeführt. Einige korporative Akteure, wie etwa Siemens („Arts Program") oder – noch deutlicher – EA Generali („EA Generali Foundation") verfolgen mit avancierten Ausstellungen und Veranstaltungen eine Strategie gegen den allgemeinen Trend. Diese Programme sichern nicht nur Distinktion und Sichtbarkeit im Feld des korporativen Engagements. Als ein Effekt von größerer Reichweite scheint, dass diesen Programmen auch die Funktion zukommt, das korporative Engagement insgesamt in meinungsführenden Segmenten des Kunstfeldes zu legitimieren. Ein Beispiel mehr für einen paradoxen Effekt.[51]

***

Mein Dank für kritische Kommentare, Hinweise und die Bereitstellung von Daten gilt Dr. Christoph Behnke und Larissa Buchholz (Universität Lüneburg) sowie Dr. Nina Luchterhand und Dr. Thomas Petersen (Institut für Demoskopie Allensbach)

Endnoten

1 Vgl. den Katalog der Ausstellung, die vom März bis Juni 2002 zu sehen war. Zdenek Felix, Beate Hentschel, Dirk Luckow (Hg.), Art&Economy. Ostfildern – Ruit 2002.
2 Vgl. z. B. Heike Roloff, US-Bilanzskandale nehmen kein Ende, Welt am Sonntag vom 30.6.2002, S. 33.
3 Kozlowski hatte Renoirs und Monets im Wert von 13 Millionen Dollar gekauft, an die Tyco-Firmenzentrale adressiert, aber in seine Privatvilla gehängt.
4 Zu Diskursstrategien aus der Perspektive der Diskursanalyse vgl. Ruth Wodak u. a., Strategien, in: Diess. Zur diskursiven Konstruktion nationaler Identität. Fft. / M. 1998, S. 75ff.
5 Deichtorhallen Hamburg und Siemens Arts Program, Art@Economy. Folder zur Ausstellung. Hamburg 2002, S. 1.
6 Chin-tao-Wu, Privatising Culture. Corporate Art Intervention since the 80ies, London 2002.
7 Eve Chiapello, Die Künstler und das Management. Passagen/Passages, Nr. 31 / 2001, S. 5. Vgl. auch die ausführlichere Studie: Eve Chiapello, Artistes versus Managers, Paris 1998.
8 Darunter DaimlerChrysler AG, Deutsche Bank AG, Dresdner Bank

AG, E.ON Energie AG, Generali Foundation, Hapag Lloyd AG, DG Bank, Migros-Genossenschaftsbund, Pfizer Inc., Phillip Morris GmbH und Adolf Würth GmbH.

9   Dirk Baecker, Etwas Theorie. In: Dirk Luckow (Hg.), &Wirtschaftsvisionen. Peter Zimmermann. München 2001 (Siemens Kulturprogramm).

10 Unter Externalitäten oder externen Effekten werden in der Ökonomik spill-over-Kosten oder -Nutzen verstanden, also Handlungsfolgen, die von Akteuren nicht in Betracht gezogen werden und daher ihre Entscheidungen nicht beeinflussen. Vgl. Paul Heyne, The Economic Way of Thinking. Chicago 1992, S. 253.

11 Vgl. Johan Galtung, Peace with Peaceful Means. Peace and Conflict, Development and Civilisation. London u. a. 1996.

12 Vgl. Joseph A. Schumpeter, Beiträge zur Sozialökonomik. Wien - Köln - Graz 1987, S. 137ff.

13 Vgl. Werner Sombart, Der Bourgeois. München - Leipzig 1913, S. 29ff.

14 Historische Beispiele wären etwa die staatsgeführten Ökonomien des alten Ägypten oder des alten China.

15 Zu denken ist etwa an Sarvodaya-Dörfer in Indien oder auch an chinesische Volkskommunen.

16 Will Hutton, The State We're In. London 1996, S. 257ff.

17 Solche eher irreführenden Behauptungen, welche übergehen, dass die Ungleichheit im Weltmaßstab selbst ungleich verteilt ist — sie ist in der Peripherie nach wie vor ungleich größer als im Zentrum — findet man heute in so gegensätzlichen Theorien wie denen von Saskia Sassen (über „Global Cities" bzw. die „Dual City"), Edward Soja (über Los Angeles und die „postmoderne Stadt") oder Michael Hardt und Toni Negri (über das „Empire"). Ihnen liegen — sei es in affirmativer, sei es in kritischer Absicht — zu vereinfachte Vorstellungen von Zentrum und Peripherie zugrunde. Eine komplexe Zentrum-Peripherie-Theorie findet man in Johan Galtung, Transnational Worlds, New York 1979.

18 So haben bisher insbesondere Ökonomen diese Daten aufgegriffen (vgl. Werner Pommerehne / Bruno S. Frey, Musen und Märkte. Ansätze einer Ökonomik der Kunst. München 1993 und Ulrike Klein, Der Kunstmarkt. Frankfurt 1993), die sich insbesondere für die monetären Aspekte dieses Datenmaterials interessierten.

19 Vgl. Ulf Wuggenig, Das Empire, der Nordwesten und der Rest der Welt. Die "internationale zeitgenössische Kunst" im Zeitalter der Globalisierung. In: Gerald Raunig (Hg.), Transversal. Kunst und Globalisierungskritik Wien 2003, S. 53-67.

20 So ist z. B. zwischen patrimonalem und neoliberalem Kapitalismus in den ehemaligen Ländern des realen Sozialismus zu unterscheiden. Vgl. Larry King / Ivan Szelenyi, The New Capitalism of Eastern Europe: Towards a Comparative Political Economy of Postcommunist Capitalisms. In: Neil Smelser / Richard Swedberg (Hg.), Handbook of Economic Sociology. Princeton 2003 (2. Auflage).

21 Gilles Deleuze, Postskriptum über die Kontrollgesellschaften. In:
    Ders.: Unterhandlungen. Fft. / Main 1993.
22 Vgl. z. B. Scott Lash, Sociology of Postmodernism. London 1992.
23 Gilles Deleuze, 1993, a. a. O., S. 260.
24 Diese Sichtweise findet sich auch in den Cultural Studies bei Stuart
    Hall, The Centrality of Culture. In: Kenneth Thompson (Hg.), Media
    and Cultural Regulation. London u. a. 1999, S. 208-236.
25 Ulrich Bröckling / Susanne Krasmann / Thomas Lemke (Hg.),
    Gouvernementalität der Gegenwart. Studien zur Ökonomisierung des
    Sozialen. Fft. / Main 2000.
26 Vgl. Gary S. Becker, Accounting for Tastes. Cambridge, Mass. 1996.
27 Vgl. Thomas Lemke, Susanne Krasmann, Ulrich Bröckling,
    Gouvernementalität, Neoliberalismus und Selbsttechnologien. In:
    Ulrich Bröckling u. a., a. a. O., Fft. /Main 2000, S. 19.
28 Vgl. Pierre Bourdieu, Gegenfeuer 2. Für eine europäische soziale
    Bewegung. Konstanz 2001, S. 30, wobei er sich nicht auf die
    Gouvernementalitätsstudien, sondern seinen Schüler Franz
    Schultheis beruft.
29 Vgl. Luc Boltanski, Eve Chiapello, Die Rolle der Kritik in der Dynamik
    des Kapitalismus und der normative Wandel. Berliner Zeitschrift für
    Soziologie, Jg. 11 / 2001, S. 459-478.
30 Vgl. Priddat, Birger P., Kultur unternehmen. Skizze zu einigen weniger
    erwogenen Aspekten des Verhältnisses von Kultur und Wirtschaft. In:
    Andreas Grosz / Daniel Delhaes (Hg.), Die Kultur AG. Neue Allianzen
    zwischen Kultur und Wirtschaft. München-Wien 1999, S. 105-114.
31 Chin-tao-Wu, Privatising Culture. Corporate Art Intervention since the
    80ies. London 2002.
32 Vgl. Donald Trump / Tony Schwartz, Trump: The Art of the Deal.
    London 1988 und die darauf bezogenen Analysen von Klaus P.
    Hansen, Die Mentalität des Erwerbs. Erfolgsphilosophien amerikani-
    scher Unternehmer. Fft. / Main 1992, S. 173ff.
33 Vgl. Eve Chiapello, Die Künstler und das Management.
    Passagen/Passages, Nr. 31 / 2001, S. 4-8. Vgl. auch Maike Koops, Die
    Konstruktion nationaler und europäischer Identitäten am Beispiel
    der französischen Kulturpolitik 1981-1995, Osnabrück 2002.
34 Vgl. die Darstellung dieser Ergebnisse in Christoph Behnke / Ulf
    Wuggenig, Die Heteronomisierung des ästhetischen Feldes. In: Ingo
    Mörth / Gerhard Fröhlich (Hg.), Das symbolische Kapital der
    Lebensstile. Fft. / Main 1994, S. 229-252. Georg Wolff / Ulf Wuggenig,
    Stellung und Stellungnahme. Charismatische Ideologie und Anti-
    Ökonomismus im Kunstfeld. In: Jost Reineke / Christian Tarnai (Hg.):
    Angewandte Klassifikationsanalyse. Münster / New York 2000, S. 233-
    252. Wuggenig, Ulf, Ende des ästhetischen Wohlfahrtsstaates. In:
    European Institute for Progressive Cultural Policies (Hg.): kunst 2.0.
    Zur „anderen" Kunstgeschichte des 20. Jahrhunderts, Wien 2001,
    http://www.eipcp.net/diskurs/d05/index.html.
35 Vgl. Pierre Bourdieu, Die Regeln der Kunst. Fft. / Main 1999, S. 523ff.

36 Zum Amerikanismus dieser Zeit vgl. Claus Leggewie, Amerikas Welt.
    Die USA in unseren Köpfen. Hamburg 2000 und Ulf Wuggenig,
    Amerika in Deutschland. In: von Bismarck et al. (Hg.): Branding the
    Campus. Kunst, Architektur, Design, Identitätspolitik. Düsseldorf 2001,
    S. 98-117. Zur Rolle des Präsidenten als eines zentralen Aspekts der
    kollektiven Repräsentation der USA in der öffentlichen Wahrneh-
    mung vgl. Ulf Wuggenig, Das Amerikabild der Deutschen. In: Jürgen
    Beneke / Francis Jarman / David Whybra (Hg.), Aspekte amerikani-
    scher Kultur. Hildesheim 1989, S. 17-44.

37 Vgl. Walter Grasskamp, Schwindsüchtige Kulturetats und die Macht
    der Sponsoren. Zeit-Archiv 11/1996
    http://www.zeit.de/archiv/1996/11/wachstum.19960308.xml

38 Vgl. Thomas Petersen, Gefährdete Freundschaft. Die Deutschen
    gehen auf Distanz zu Amerika. FAZ 19.3.2003, S. 5, Thomas Petersen,
    Verletzte Gefühle. Die Auseinandersetzung um den Irak-Konflikt
    schadet der deutsch-amerikanischen Freundschaft. Allensbach 2003
    (Institut für Demoskopie) und die älteren Daten über die Einstellun-
    gen gegenüber den USA in Ulf Wuggenig, a. a. O., Hildesheim 1989.

39 Pierre Bourdieu / Hans Haacke, Freier Austausch. Fft. / Main 1995.

40 Vgl. auch die instruktive Studie zur EA-Generali Foundation von
    Andrea Fraser, Bericht. EA-Generali Foundation. Wien 1995.

41 Eve Chiapello, a. a. O., 2001, S. 4.

42 Alice Creischer / Andreas Siekmann, Herkunft des Geldes ist nicht
    gleich Einsatz des Geldes. Zusammenfassender Erfahrungsbericht
    der Organisatorinnen von Messe 2ok zu Sponsoringverhandlungen
    mit Siemens Kulturprogramm. In: Alice Kreischer / Dierk Schmidt,
    Andreas Siekmann (Hg.), Messe 2ok. Amsterdam 1996, S. 69.

43 Michael Lingner, Abgewirtschaftete Autonomie? In: 1. Hamburger
    Ratschlag Stadtteilkultur: Ökonomisierung in Kunst und Kultur.
    Hamburg 2001, S. 25-28.

44 Zur Autonomie von Kunst- und Wissenschaftsfeld auf der Grundlage
    der Unterscheidung zwischen der Kontrolle über symbolische vs.
    materielle Belohnungen vgl. Diana Crane, Reward Systems in Art,
    Science, and Religion. American Behavioral Scientist, Vol. 19, No. 6
    1976, S. 719-729. Das Kunstfeld wird im Gegensatz etwa zum Feld der
    Wissenschaft von Crane auf Grund der starken Kontrolle von
    Konsumenten (Sammler) über die materiellen Belohnungen als
    System mit „semi-autonomem" Charakter eingestuft.

45 Vgl. Victoria D. Alexander, Pictures at an Exhibition: Conflicting
    Pressures in Museums and the Display of Art. American Journal of
    Sociology, Jg. 101, 1996, S. 797-839.

46 Vgl. die Daten in Linde Rohr-Bongard, Kunst = Kapital. Der Capital
    Kunstkompass von 1970 bis heute. Köln 2001 sowie die Zeitreihen-
    kurven und Interpretationen auf dieser Grundlage in Ulf Wuggenig
    2003, a. a. O. S. 53-68.

47 Vgl.Rosanne Martorella, a. a. O., 1990, Chin-tao-Wu, a. a. O., 2001.

48 Vgl. Victoria Alexander, Museums and Money. The Impact of Funding

on Exhibitions, Scholarship and Management. Bloomington / Indianapolis 1996.

49 Rosanna Martorella, Corporate Art. New Brunswick – London 1990.

50 Solche Slogans gebrauchte in jüngerer Zeit etwa Franco Bernabé, Präsident der 50. Biennale von Venedig des Jahres 2003. Er orientiert sich offen am Quotenkriterium: „Das Erfolgskriterium ist allein die Besucherzahl, wie auch sonst in der Wirtschaft". Vgl. Franco Bernabé, Kunst für Kunden. Frankfurter Allgemeine Sonntagszeitung, 8. 6. 2003, S. 37.

51 Zur Logik paradoxer Effekte vgl. Raymond Boudon, Widersprüche sozialen Handelns. Darmstadt und Neuwied 1979, S. 57ff.

Global Village als optische Täuschung

Andrea Komlosy

1. Punkt statt Fläche.

Im Zeitalter der Beschleunigung, die unser Leben zunehmend prägt, bewegen sich vor allem Kapitalströme und Informationen in atemberaubendem Tempo über den Erdball. Menschen und Waren folgen, so gut es geht, dieser Geschwindigkeit. Wenn beispielsweise ein deutsches Verlagshaus den Computersatz in Malaysia und den Druck in der Tschechischen Republik besorgen lässt, wenn europäische Fluglinien ihr Rechnungswesen bei indischen Unternehmen in Auftrag geben, wenn also Tätigkeiten immer weniger räumlich gebunden seien, so habe sich die Welt in ein „globales Dorf"verwandelt; mit den Distanzen seien auch die Kommunkationsbarrieren gefallen, die entlegene Orte von den Ballungsräumen, Peripherien von den Zentren, das Land von der Stadt getrennt und damit auch benachteiligt hatten. Paul Virilio, postmoderner Theoretiker der Geschwindigkeit, spricht in seinem Essay „Fluchtgeschwindigkeit" (1996) vom Verschwinden des Raums und seiner Ersetzung durch die Zeit, von „globaler Delokalisierung" und „geographischem Tod".

Das Gegenteil kann beobachtet werden. Statt mit Enträumlichung und örtlicher Beliebigkeit verbindet dieser Beitrag den Prozess der Globalisierung mit dem Zerbrechen sozialer Räume und der Herausbildung unterschiedlicher Geschwindigkeiten. Der Gegensatz zwischen Zentrum und Peripherie, so die zentrale These, ist nicht verschwunden, sondern hat sich im Zuge der

Globalisierung verlagert, verfeinert und vervielfältigt. Das Gerede vom Verschwinden des Raumes hat bloß den „Welt-Raum" vor Augen, den Virilio als virtuellen Realraum bezeichnet. Doch was passiert mit den nicht minder realen Zwischenräumen? Aus der Sicht des Kapitals mögen die globalen Standorte eng beieinander liegen, Distanz zwischen ihnen gegenstandslos, allenfalls ein Kostenfaktor, sein. Was aber liegt zwischen den Verwertungszentren?

Analog zur Digitalisierung, die eine raumlose Kommunikation ermöglicht, in der sich das Zusammentreffen im Virtuellen realisiert, bewirkt die Globalisierung eine Punktualisierung des Raumes. Ich fasse „Welt-Raum" als Punkte, die durch Kommunikationshighways verbunden und untereinander vernetzt sind. Was dazwischen liegt, gerinnt zu Nichts, es ist unbrauchbarer Zwischenraum. Als ausgegrenztes Territorium wird es von jenen, die über dieses hinweg agieren, gar nicht wahrgenommen. Es verschwindet. Das Verschwinden der Peripherie, das so viele metropolitane Beobachter konstatieren, beruht auf der Verengung des Blicks auf die Punkte des Welt-Raums. Also: auf einer optischen Täuschung.

Jean-Christophe Rufin, französischer Politologe und „Médecin sans frontières", konstatiert in seinem Buch „Das Reich und die neuen Barbaren" (1993) das „Schrumpfen der uns bekannten Welt". Es tauchen *terrae incognitae*, weiße Flecken, auf, die durch Hunger, Armut, Aufstände, Zersplitterung und Fundamentalismen aller Art gekennzeichnet sind. Die krassesten Fälle der neuen Wildnis werden in regelmäßigen Abständen aus Afrika gemeldet. Kein Reisebüro ist bemüht, seine Kunden dorthin zu vermitteln, wo Chaos und Terror jederzeit in die beschützten Räume der Touristen überschwappen kann. Und auch die

Entwicklungsagenturen machen einen großen Bogen um die Zonen der Barbarei. An die Stelle der Entwicklungsideologie ist die Ausgrenzungsideologie getreten, die in Samuel Huntingtons „Der Kampf der Kulturen" (1996) ebenso zum Ausdruck kommt wie in der Einstellung der Zahlungen der USA und Großbritanniens an die United Nations Industrial Development Organization (UNIDO).

Das Nebeneinander von Wachstums- und unterentwickelten Zonen, wie es für Länder der Dritten Welt im Prinzip stets charakteristisch war, kehrt mit der neuen Runde der Globalisierung auch in die europäischen Industrieländer ein: Staaten zerfallen in starke und schwache Regionen, Städte zerfallen in schicke Stadtteile und Quartiere für die Armen, von deren Betreten abgeraten wird. Auch die Slums und die heruntergekommenen Bezirke der Großstädte gehören zu den neuen *terrae incognitae*.

Jene Einrichtungen des Wohlfahrtsstaates, die im Zeitalter der Massenproduktion die Kommunikation zwischen Arm und Reich aufrechterhalten haben – Post, Telefon, Eisenbahn, Sozialpolitik, staatliches Erziehungswesen, öffentliche Sicherheit – werden abgebaut. Kleine Orte verlieren ihr Postamt; die Briefe der Armen werden mit geringerer Geschwindigkeit als die interurbane Priority-Mail befördert; die Preise für kleine Telefonkunden werden erhöht; Bahnlinien außerhalb der Hochleistungsstrecken stillgelegt. Soziale Vorsorge verwandelt sich vom gesellschaftlichen Anspruch in eine Ware, die sich rechnen muss. Das gleiche passiert mit der Sicherheit, die tendenziell jenen vorbehalten bleibt, die dafür bezahlen können. Der öffentlichen Hand fällt im Zuge der Privatisierung des Sicherheitsgeschäfts nur mehr die Aufgabe zu, die Ausgegrenzten von den Wohlstandszonen fern zu halten – an den

171

Außengrenzen und an den Binnengrenzen der Punkte, die den „Welt-Raum" konstituieren.

Wir erleben also eine neue Geographie von Zentrum und Peripherie. In den entwickelten Industrieländern macht sich mit dem Bedeutungsverlust der industriell-fordistischen Massenproduktion eine Aufsplitterung der Gesellschaft breit. Der regionalen Auseinanderentwicklung, die im Niedergang alter Industrieregionen auf der einen, der selektiven Aufwertung bestehender Zentren durch die Konzentration unternehmensbezogener Dienstleistungskomplexe auf der anderen Seite zum Ausdruck kommt, entspricht eine soziale Fragmentierung der Bevölkerung in Hinblick auf den Zugang zu Beschäftigung, Einkommen, soziale Absicherung und Beteiligung am Konsum. Viele westliche Metropolen – und seit dem Zusammenbruch des RGW auch die östlichen – unterscheiden sich heute immer weniger von den räumlich und sozial zerklüfteten Megastädten der Dritten Welt.

Umgekehrt erweckt das Wachstum von Investitionen, Bautätigkeit und Luxuskonsum in einigen Wirtschaftszentren der *Newly Industrialized Countries* (NICs) den Eindruck, der Begriff der Dritten Welt habe seine einstige Aussagekraft eingebüßt. Müssen wir den vorschnellen Beobachtern, die mit der Globalisierung das Ende des Gegensatzes von Zentrum und Peripherie für gekommen sehen, also doch recht geben? Bewirkt die Entgrenzung der Standortwahl tatsächlich ein „Global Village", in dem jeder Ort, jedes Land, jeder Mensch auf- und absteigen kann und wer nur tüchtig ist, auf jeden Fall gewinnt?

Wir halten dem entgegen: Investitionen werden in konkrete Räume gesetzt. An diese werden ganz spezifische Anforderungen gestellt. Ausschlaggebend für eine positive Standortentscheidung sind „regionale Milieus". Räume sind also – im Gegensatz

zu den Versprechungen, mit denen peripheren Regionen suggeriert wird, sie seien gleichberechtigte Partner im „Global Village"
– keineswegs beliebig austauschbar.

Während die aktuelle Globalisierungsrunde im Bereich der
industriellen Fertigung eine Dezentralisierung der Produktion
mit sich gebracht hat, fand in jenem Sektor, der in der Ära des
Postfordismus für eine internationale Führungsrolle den Aus-
schlag gibt, nämlich im Finanzsektor und im Bereich unternehmensbezogener Dienstleistungen, eine enorme Konzentration auf
wenige Zentren, die „Global Cities", statt. Die Informationstechnologien, von denen vielfach geglaubt wird, sie neutralisier-
ten die Entfernung, trügen in Wirklichkeit zur räumlichen Konzentration bei, resümiert die US-amerikanische Städteforscherin
Saskia Sassen in ihrem Buch über die neue Rolle der Global Cities
(1996). Trotz steigender Mobilität von Kapital wird der überwiegende Teil der Aktien an den Börsen von New York, Tokio und
London gehandelt. 39 der weltweit 100 größten Banken, 23 der 25
größten Investmentgesellschaften der Welt sind in den USA,
Japan und Großbritannien angesiedelt. Mit der Transnationalisierung der Standorte stieg die Zahl jener, die am Spiel teilnehmen
wollen, keineswegs jedoch die Zahl der Gewinner. Für die meisten
Regionen ist die Chance, im globalen Wettbewerb mitmischen zu
können, nicht größer sondern kleiner geworden.

2. Ein neues globales Akkumulationsregime.

Die Weichen für das, was heute unter dem Begriff Globalisierung
die Diskussion um die Zukunft der Arbeit beherrscht, sind durch
die Weltwirtschaftskrise gestellt worden, die die Unternehmen

angesichts verschärfter weltweiter Konkurrenz an der Wende von den 1960er zu den 1970er Jahren mit einer globalen Umstrukturierung beantworteten. Das neue Akkumulationsregime, das als Antwort auf die Krise entwickelt wurde, basierte auf der Verlagerung der industriellen Produktion an Billiglohnstandorte im Süden und im Osten, der Suche nach neuen Wachstumsbranchen in den entwickelten Zentren und der Rationalisierung der Produktion. Gleichzeitig engagierte sich das Kapital verstärkt auf den Finanzmärkten und vergab – zunächst billige – Kredite für die nachholende Industrialisierung von Dritte Welt- und Ostblockstaaten. Damit war einerseits die Grundlage für die Schuldenfalle gelegt, die weltweit virulent wurde, als die Dollarzinsen in den 1980er Jahren kräftig angehoben wurden, andererseits entstand mit der Finanzspekulation ein neuer Investitionsbereich, der sich zunehmend vom realen Produktionsgeschehen loslöste.

Industrielle Massenfertigung hat sich seither aus den alten Industrieländern verabschiedet. Die digitale Revolution, die Beschleunigung des Transports und der Abschied von der fordistischen Produktionsweise verliehen der Transnationalisierung der Standortwahl an der Wende von den 1980er zu den 1990er Jahren eine neue Dynamik. Die Produktion wurde in Form von Standortketten um den Globus gelegt. Diesen immer wieder neu abzugrasen, um durch jeweils optimale Kombination von Standorten die günstigsten Verwertungsbedingungen zu erzielen, zählt heute zu einer Selbstverständlichkeit im transnationalen Wettbewerb. Dabei zerfällt der „Welt-Raum" in ein abgestuftes System von High-Tech-Hochwert-Sektoren, um deren Ansiedlung heftig geworben wird, umgeben von mehreren Ringen von Zulieferern und Subunternehmen, die gegeneinander um

174

Aufträge ringen; davon losgelöst befinden sich die lokalen Produzenten, die mit ihren Erzeugnissen auf überregionalen Märkten nicht konkurrenzfähig, durch diese aber gleichzeitig in einem gnadenlosen Verdrängungswettbewerb. Jeder Staat, jede Region, jeder Standort wetteifert um möglichst hochrangige Investitionen im Bereich des Hightech- und High-Profit-Sektors. Ausschlaggebend für die Standortwahl sind keineswegs nur die Lohnkosten; auch Qualifikation, gesetzliche Auflagen, Steuern und Investitionsanreize, Nähe zu Beschaffungs- und Absatzmärkten, Finanz- und Beratungseinrichtungen bestimmen, wo welche Investition platziert wird.

Die Verwandlung von Flächen in Punktketten, Netze, transformiert auch die staatliche Politik. Mit dem Territorium, dem Inbegriff und Wirkungskreis des modernen Staates, geht diesem nicht nur die Grenze verloren, die der Politik einen klaren Rahmen verpasste. Der Nationalstaat gerät gegenüber dem Punkt, dem regionalen Standortraum, ins Hintertreffen. Er muss Kompetenzen einerseits an die supranationale Ebene, die den großräumigen Kapital- und Warenverkehr gewährleistet, andererseits an die Regionen abgeben, die in der Standortkonkurrenz flexibler agieren können als der von regionalen Ungleichheiten geprägte Staat. Wenn nur mehr in Punkten gedacht wird, ist das Ziel regionalen Ausgleichs hinfällig. Regierungen können die Zwischenräume getrost vergessen; regionalen Disparitätenausgleich, volkswirtschaftliche Entwicklung und weltwirtschaftliche Integration als Zielvorstellungen beiseite lassen. Stattdessen müssen sie sich mit Eifer auf jene Aufgaben stürzen, die dem Staat im Zeitalter der globalen Standortwahl zukommen: die verwertungsträchtigsten Regionen als Standorte so zu sichern, zu fördern und zu entwickeln,

Andrea Komlosy

dass sie in der Weltmarktkonkurrenz mit andern Regionen mithalten können.

Während Kommunikation im Weltmarktraum immer weniger Zeit beansprucht, erlebt der periphere Zwischenraum eine Verlangsamung, die bis zum Stillstand führen kann. Im Zeitalter des industriellen Fortschritts wurden Zentrum und Peripherie von der Hoffnung der Peripherie nach nachholender Entwicklung zusammengehalten, die auch vom Zentrum stets geschürt wurde. Unter den Bedingungen der digitalen Globalisierung gehören sie zwei verschiedenen Welten an. In dem Maße aber, in dem Zentrum und Peripherie an Bedeutung gewinnen, verlieren sie an Kontur.

Die räumliche Geschlossenheit von Industrie- und Entwicklungsländern, urbanen Zentren und Agrarregionen weicht einer zunehmenden Fragmentierung. Diese bringt unkontrollierbare, chaotische Zustände hervor.

3. Von der zyklischen Erneuerung zum Chaos.

Immanuel Wallerstein, der wohl bekannteste Vertreter der Weltsystemanalyse, nimmt in seinem Buch „Utopistik" (2002) das Chaos zum Anlass, das Ende des Kapitalismus als historisches System zu prognostizieren. Wallerstein begreift Kapitalismus als ein Weltsystem, das seit dem 16. Jahrhundert, ausgehend vom nordwestlichen Europa, sukzessive sämtliche Teile der Welt erfasst habe. Anders als Marx und die liberalen Ökonomen sieht Wallerstein nicht nur jenen Teil der Ökonomie als kapitalistisch an, in dem Lohnarbeit und Industrie vorherrschen; Kapitalismus schließe vielmehr alle Arbeitsverhältnisse ein, die in die Arbeits-

176

teilung der kapitalistischen Weltwirtschaft eingebunden sind, ob in den Zentren oder in den Peripherien, als Lohnarbeiter oder in diversen Formen un- und unterbezahlter Arbeit bis hin zu Zwangsarbeit. In dieser Kombination, in der Gleichzeitigkeit des Ungleichzeitigen, im Zugriff auf immer neue Billiglohnregionen und Billiglohnarbeitskräfte liege das Geheimnis der Kapitalakkumulation und der ungeheuren Fähigkeit des Systems, zur Erneuerung und zur Überwindung von Krisen. Wallerstein argumentiert im Rahmen eines Modells der langen Wellen: Einer 25-30 Jahre währenden Expansionsphase folge in zyklischer Wiederkehr ein eben so lange anhaltender Abwärtstrend. Dieser setzt ein, wenn sich die Expansion durch sinkende Profite und schwindende Absatzmärkte erschöpft. Vor dem Hintergrund verschärfter Konkurrenz im Abwärtstrend finden fieberhafte Bemühungen statt, die Kapitalakkumulation auf eine neue Grundlage zu stellen. Die letzte derartige Periode in der Geschichte des Kapitalismus begann in der Mitte der 1970er Jahre. Sie setzte gewaltige Anpassungen in Gang, die mit dem Stichwort der Globalisierung umschrieben werden können. Dabei stellt sich die Frage, ob, wann, wodurch und in welchen Weltregionen ein neuer Aufschwung einsetzen, wer von diesem profitieren oder an der Rand gedrängt werden wird.

Mit seinem Buch „Utopistik" bricht Wallerstein aus dem Ablaufmuster, mit dem er die Funktionsweise des kapitalistischen Weltsystems seit seiner Entstehung charakterisiert hat, aus. Seine These: Wir stehen an einer Zeitenwende; die Fähigkeit des Kapitalismus zur Überwindung von zyklischen Krisen hat sich erschöpft. Er begründet dies einerseits mit der Profitkrise, andererseits mit der Legitimitätskrise des Staates. Die Profitkrise resultiere daraus, dass Lohn-, Umwelt- und Sozialkosten trotz der vielfältigen Bemühungen, diese zu senken und zu externalisieren, ständig steigen. Verstärkt wird die Profitkrise durch die Krise des Staates. Während der Staat im Zuge der Globalisierung Kompetenzen an suprastaatliche und regionale Akteure abgeben musste, steigen gleichzeitig die Anforderungen, zur Krisenüberwindung beizutragen. Dies verursacht Finanz- und Budgetkrisen, was die Fähigkeit zum Krisenmanagement weiter einschränkt und zur Delegitimierung staatlicher Politik überhaupt führt. Der gesellschaftliche Zusammenhalt bricht auf, aus dem Chaos und der Not heraus entstehen Selbsthilfegruppen – lokale Bürgerinitiativen, Selbstschutzverbände, soziale Netzwerke – ,die das Vertrauen in herkömmliche Politik verloren haben und beginnen, ihre Anliegen – in sehr unterschiedlichen Formen und Zielsetzungen – in die eigenen Hände zu nehmen.

Wallerstein begründet den Zusammenbruch des kapitalistischen Weltsystems aus den Widersprüchen und Grenzen des Systems. Dabei greift er auf die Komplexitätsstudien von Ilya Prigogine, Nobel-Preisträger für Chemie (1977), zurück. Dieser identifizierte Momente, an denen Bewegungen, die lange Zeit bestimmten Gesetzmäßigkeiten gehorchten, aus dem Gleichgewicht geraten, in Chaos übergehen, kippen. Es entsteht eine Weichenstellung mit offenem Ausgang. Wallerstein knüpft daran im positiven Sinne an und begreift das Chaos als Chance. Chancenreich vor allem deshalb, weil in einer Phase des Übergangs, der Weichenstellung politisches Handeln mehr Einfluss hat als in anderen Momenten der Geschichte.

Ich bin nicht sicher, ob Wallerstein recht hat oder nur in einer Situation einer sich zuspitzenden Krise Zweckoptimismus an den Tag legt. Doch auch wenn kein Systemzusammenbruch vor der

Tür steht, gibt es – sowohl räumlich als auch sozial gesehen – immer größere Teile der Welt, die keine Hoffnung auf sozialen Aufstieg haben und daher mehr ungewollt als gewollt nur mit Ausstieg reagieren können. Ungewollte Ausgrenzung bedeutet Hunger oder Marginalisierung oder beides – no hope. Sie kann sich aber auch in etwas Positives wenden, wenn daraus wirtschaftliche, politische, soziale, kulturelle Eigeninitiative entsteht: soziale Bewegung. Niemand kann den heterogenen sozialen Bewegungen, die in Form von Globalisierungsprotest, Selbsthilfe-Netzen, in vielerei Fluchtbewegungen und Fundamentalismen in Erscheinung treten und untereinander kaum dialogfähig sind, ein Programm verpassen. Es verbindet sie die Kritik an der Globalisierung, der verloren gegangene (oder nicht vorhandene) Glaube an den Staat und die konkrete Umsetzung ihrer Anliegen in praktischer Lebenshilfe. Das Ziel der nachholenden Entwicklung, also die Übertragung des Wirtschafts- und Gesellschaftsmodells der privilegierten Zentren der Weltwirtschaft in räumlicher und sozialer Hinsicht, ist weitgehend diskreditiert. Dies, weil sich die Verallgemeinerung der Privilegien als nicht machbar erwies und daher ab einem gewissen Punkt der Ernüchterung immer weniger angestrebt wird. Sich über eine sinnvolle Ordnung der Welt Gedanken zu machen, bedeutet auch, zu akzeptieren, dass es eine zentrale, universale Ordnung, wie es das Primat der Kapitalakkumulation, der Aufklärung, des europäischen Universalismus, aber auch das Prinzip der Planwirtschaft oder des Sozialismus darstellt, vermutlich gar nicht geben kann und auch nicht geben soll.

4. Übergang wohin?

Meine Überlegungen über gesellschaftliche Orientierungen sozialer Bewegungen kristallisieren sich an zwei Gedanken. Mein erstes Leitmotiv heißt „Grenzen setzen". Mir fällt auf, dass der neoliberale Diskurs in den letzten Jahren eine eigenartige, positive Bewertung von Grenzenlosigkeit, Grenzüberwindung, Grenzerweiterung mit sich gebracht hat: Wettbewerb, Menschenrechte, allerlei „Freiheiten" (des Kapitals, der Waren, der Dienstleistungen und der Arbeitskräfte) gelten als oberste Werte, die keinesfalls durch Regulierungen (und dazu zählen auch Staatsgrenzen) in ihrer Wirkung behindert werden dürfen. Der Diskurs steht in eklatantem Widerspruch zur realen Bedeutung von Grenzen, insbesondere der Außengrenzen der Europäischen Union, aber auch verschiedener innerer Grenzen, zum Beispiel jener zwischen (EU-)StaatsbürgerInnen und Fremden. Das Überraschende ist, dass weite Teile der kritischen Öffentlichkeit den Grenzenlosigkeits-Mythos internalisiert haben. Wenn etwas grenzüberschreitend ist, Grenzenlosigkeit beansprucht, gilt dies als Synonym für Freiheit, Offenheit; Grenzen erscheinen demgegenüber als geschmähte, unsympathische Relikte einer früheren Zeit. Wieso eigentlich?

Es ließe sich grundsätzlich argumentieren, dass menschliche Sozialformen durch Zugehörigkeit gekennzeichnet sind, deren Kehrseite Abgrenzung darstellt. Selbstverständlich kommen alle politischen Grenzen aufgrund von Machtverhältnissen zustande; nur ist das Ziehen oder Verschieben einer Grenze ebenso ein Machtakt wie ihre Aufhebung. Man muss sich also die Machtverhältnisse zwischen Nachbarn ansehen, wenn man nach der Wirksamkeit von Grenzen fragt: Wer bestimmt die Durchlässigkeit? Durchlässigkeit wofür? Kapital, Waren, Menschen, Ideen? Wer wählt aus? Durchlässigkeit in welche Richtung? All das unter den Bedingungen ungleicher Kräfteverhältnisse und Verhandlungspositionen.

Wieso wird es als Zwang empfunden, wenn ein Staat seine Märkte gegen bestimmte Importe schützt, wenn diese – zum Beispiel – einheimische Produkte vom Markt verdrängen? Grenze wirkt in diesem Fall defensiv. Wieso soll es freier sein, wenn das staatliche Instrument der Einfuhrsteuerung nicht zur Anwendung gelangen darf – eine der Grundbedingungen der World Trade Organisation (WTO) – und jedes Produkt bedingungslos auf einem Markt zugelassen werden muss, wenn das Instrument also nicht defensiv, sondern offensiv im Sinn von Marktexpansion zur Anwendung gelangt? Eine Grenze existiert in beiden Fällen; es fragt sich nur, wer über ihre Durchlässigkeit bestimmen darf, und das ist in der Regel die ökonomisch stärkere Seite. Diese bestimmt dann auch den Diskurs über die Grenzenlosigkeit.

Immer wieder wurde und wird der Begriff der Grenze ganz anders interpretiert. Etwa vom Club of Rome, der mit dem Motto von den „Grenzen des Wachstums" gegen das Dogma des grenzenlosen Wirtschaftswachstums angetreten ist (1972). Grenze wurde hier bewusst als Möglichkeit der Steuerung, des Eingriffs in ökonomische Sachzwänge, als Möglichkeit der Gestaltung begriffen. Es ist interessant zu beobachten, wie diese Besetzung des Begriffs mit der neoliberalen Offensive an den Rand gedrängt wurde. Eine wichtige Rolle spielte dabei auch der Fall des „Eisernen Vorhangs", der zum Inbegriff der Grenze schlechthin hochstilisiert wurde und seither erfolgreich davon ablenkt, dass an seiner Stelle (oder jedenfalls nicht weit entfernt) eine neue

Wohlstandsgrenze entstanden ist, die nicht durch Absolutheit, sondern durch die Selektivität der Durchlässigkeit wirkt. Ich halte es lieber mit den „Grenzen des Wachstums" und sehe Begrenzung als eine notwendige Voraussetzung für eine Lokalisierung der Ökonomie. Wahrscheinlich löse ich jetzt, ob positiv oder negativ, die falschen Assoziationen aus: Ich halte kein Plädoyer für kleine Selbstverwaltungseinheiten am Rande der globalisierten Wirtschaft, für Subsistenzgärten, Tauschringe und Kleingewerbeproduktion, oder mit anderen Worten: für „small is beautiful". Stattdessen plädiere ich – mein zweites Leitmotiv – für „ökonomische Subsidiarität".

In der Debatte, welche räumliche Ebene der politischen Selbstverwaltung über welche Entscheidungskompetenz verfügen soll, steht „politische Subsidiarität" für das Belassen möglichst vieler Entscheidungen auf den unteren Ebenen der politischen Verwaltung. Gleichzeitig bleibt das Wirtschaftsleben gemäß der Katholischen Soziallehre, die „politische Subsidiarität" als Instrument gegen staatlichen Einfluss entwickelte, davon völlig abgekoppelt. „Ökonomische Subsidiarität" hingegen setzt beim Wirtschaften an, wobei sowohl der Produktionsprozess selbst als auch wirtschaftspolitische Entscheidungen gemeint sind: Wirtschaftliche Produktion soll so kleinräumig, so kleinbetrieblich, so selbstbestimmt wie möglich bzw. nötig erfolgen. Das beinhaltet jedoch kein Dogma. Wo die lokale/regionale Ebene sich nicht als geeignet erweist, ist großbetriebliche, überregionale, globale Produktion möglich. Nicht die globale Ebene ist es aber, die die Wettbewerbsregeln vorgibt, sondern sie tritt nur dort in Kraft, wo die kleinräumigeren Ebenen, der direktere Weg der Versorgung nicht dazu in der Lage sind.

„Ökonomische Subsidiarität" erfordert Vorrangregeln: Vorrang für die Überlebensproduktion gegenüber der Ware, Vorrang für die kleinräumigere gegenüber der großräumigeren Handlungsebene, Vorrang für die politische Gestaltung gegenüber der Freiheit des Marktes – in Bezug auf Rohstoffe, Arbeitskräfte, Technologien, Märkte. Es handelt sich dabei nicht um absolute Gebote, sondern um relative: das Lokale vor dem Regionalen, die Region vor dem Staat, der Staat vor der supranationalen Union und der globalen Wirtschaft. Vorrang des Gebrauchswerts gegenüber dem Tauschwert wiederum impliziert, so viel wie möglich im Rahmen des Haushalts, der Hauswirtschaft, der Kommunalwirtschaft zu erledigen und Haushalt und Allmende nicht von der Ökonomie abzuspalten.

Kein Produktionsverhältnis und keine Unternehmensform ist ausgeschlossen, wenn sie sich zur Herstellung eines bestimmten Produkts als nötig erweist. Es handelt sich also nicht um ein Konzept für eine alternative Ökonomie, die in den Nischen des kapitalistischen Weltsystems agiert. Stattdessen geht es um Leitlinien, die für alle Bereiche des Wirtschaftslebens bis hin zur Weltwirtschaft Gültigkeit beanspruchen; alle Ebenen sind miteinander verbunden, und zwar von unten nach oben. Im Gegensatz zu den Vorrangregeln der „ökonomischen Subsidiarität" zwingen die Wettbewerbsregeln der Welthandelsorganisationen sowie der regionalen Wirtschaftsblöcke (EU, Nafta etc.) lokale und nationale Märkte, jeden Anbieter unterschiedslos zuzulassen. „Ökonomische Subsidiarität" hingegen schützt Haus- und Subsistenzarbeit und wertet sie gegenüber der Lohnarbeit auf, sie schützt die Peripherie gegenüber dem Zentrum; und sie erlaubt, dem Lohn- und Preisdumping der Weltmarktproduktion Grenzen zu setzen, indem sie in bestimmten Wirtschaftsbereichen lokale Märkte für lokale ProduzentInnen reserviert. Die Wirtschaftlichkeit einer Produktionseinheit bezieht ökologische und soziale Kriterien ein, sie bricht daher mit dem Grundprinzip der Kapitalakkumulation, dem Werttransfer von der Peripherie ins Zentrum, der Abschiebung von Kosten an periphere Regionen sowie an die Allgemeinheit und den Einzelnen, an sozial Schwache, Frauen und künftige Generationen, d. h. mit der Translozierung, der Externalisierung, der Feminisierung und der Futurisierung von Kosten.

Weiterführende Literatur:

Komlosy Andrea, Räume und Grenzen. Zum Wandel von Raum, Politik und Ökonomie vor dem Hintergrund moderner Staatenbildung und weltwirtschaftlicher Globalisierung, in: Zeitgeschichte 11/12 (Wien 1995), S. 385-404.

Narr Wolf-Dieter/Schubert Alexander, Weltökonomie – Misere der Politik (Frankfurt/Main 1994).

Sassen Saskia, Metropolen des Weltmarkts. Die neue Rolle der Global Cities (Frankfurt/Main 1996).

Virilio Paul, Fluchtgeschwindigkeit (München-Wien 1996).

Wallerstein Immanuel, Utopistik. Historische Alternativen des 21. Jahrhunderts (Wien 2002)

Literaturverzeichnis

1. Hamburger Ratschlag Stadtteilkultur, Ökonomisierung in Kunst und Kultur. Hamburg 2001.

A

Adorno, Theodor W. , Minima Moralia, Frankfurt am Main: Suhrkamp, 1994.

Alexander, Victoria D., *Pictures at an Exhibition: Conflicting Pressures in Museums and the Display of Art*, in: American Journal of Sociology, Jg. 101, 1996.

    dies., Museums and Money, The Impact of Funding on Exhibitions, Scholarship and Management, Bloomington / Indianapolis 1996.

Amilié, F. u.a: Anarchismus und Marxismus, Bd. 1, Berlin 1973.

B

Baecker, Dirk, Die Form des Unternehmens, Frankfurt/M. 1999.

Bakunin, Michail, Philosophie der Tat, Köln 1968.

    ders., Staatlichkeit und Anarchie und andere Schriften, hrsg. von Horst Stuke, Frankfurt/M./Berlin/Wien 1972.

    ders., Gesammelte Schriften, hrsg. von Max Nettlau, Bd. 3, Berlin 1921, Neudruck: Berlin 1975.

Becker, Gary S., Accounting for Tastes, Cambridge, Mass. 1996.

Beneke, Jürgen / Jarman, Francis / Whybra, David (Hg.), Aspekte amerikanischer Kultur. Hildesheim 1989.

Bernabé, Franco , Kunst für Kunden, Frankfurter Allgemeine Sonntagszeitung, 8.6.2003.

Bickers, Patricia, The Brit Pack: Contemporary British Art, the view from abroad, Manchester 1995.

Bockemühl, Michael u.a.(Hrsg.), Exposé 'Wirtschaftskultur durch Kunst', 2001.

Boltanski, Luc / Chiapello, Ève, *Die Rolle der Kritik in der Dynamik des Kapitalismus und der normative Wandel,* in: Berliner Journal für Soziologie, 2001.

dies.: Le nouvel esprit du capitalisme, Paris 1999.

Boudon, Raymond, Widersprüche sozialen Handelns, Darmstadt und Neuwied 1979.

Bourdieu, Pierre, Gegenfeuer 2, Für eine europäische soziale Bewegung, Konstanz 2001.

ders., Die Regeln der Kunst, Frankfurt a. Main 1999.

Bourdieu, Pierre / Haacke, Hans, Freier Austausch, Frankfurt a. M. 1995.

Bröckling, Ulrich / Krasmann, Susanne / Lemke, Thomas (Hg.), Gouvernementalität der Gegenwart. Studien zur Ökonomisierung des Sozialen, Frankfurt. a. M. 2000.

Brooks, David, Bobos in Paradise 2000, Schuster & Schuster, New York, dt.: Die Bobos – Der Lebensstil der neuen Elite, Econ, München 2001.

Bude, Heinz, Generation Berlin. Berlin 2001.

C

Chiapello, Eve, Die Künstler und das Management, Passagen/Passages, Nr. 31 / 2001.

dies., Artists versus Managers, Paris 1998.

Crainer, Stuart, Das Tom Peters Phänomen. Der Aufstieg eines Management-Gurus, Frankfurt/New York 1998.

Crane, Diana, Reward Systems in Art, Science, and Religion, American Behavioral Scientist, Vol. 19, No. 6 1976.

D

Deleuze, Gilles, Unterhandlungen, Frankfurt. a. M. 1993.

Dreyfus, Hubert L. /Rabinow, Paul, Michel Foucault, Jenseits von Strukturalismus und Hermeneutik, Frankfurt/M. 1987.

E

European Institute for Progressive Cultural Policies (Hg.): kunst 2.0, Zur „anderen" Kunstgeschichte des 20. Jahrhunderts, Wien 2001, http://www.eipcp.net/diskurs/d05/index.html.

F

Felix, Zdenek/Henschel, Beate/ Luckow, Dirk (Hrsg.), Katalog 'Art & Economy', Ostfildern – Ruit 2002.

Foucault, Michel, Der Mensch ist ein Erfahrungstier. Gespräch mit Ducio Trombadori, Frankfurt/M. 1996.

    ders., Was ist Kritik?, Berlin 1992, S. 12.

    ders., *Naissance de la biopolitique*, in: Dits et Écrits, Bd. 3, Paris 1994.

Fraser, Andrea, Bericht, EA-Generali Foundation, Wien 1995.

Fricke, Werner (Hrsg): 1999/2000. Jahrbuch für Arbeit und Technik. Was die Gesellschaft bewegt. Bonn (Verlag Dietz) 1999.

G

Galtung, Johan, Peace with Peaceful Means, Peace and Conflict, Development and Civilisation, London u. a. 1996.

    ders., Transnational Worlds, New York 1979.

Glißmann, Wilfried/Schmidt, Angela, Mit Haut und Haaren. Der Zugriff auf das ganze Individuum. Sonderheft der "denkanstösse - IG Metaller in der IBM" 2000. Das Heft kann angefordert werden unter Tel.: 069-6693-2800.

Graham Burchell/Colin Gordon/Peter Miller (Eds.): The Foucault Effect. Studies in Governmentality, Chicago 1991, S. 1-51.

Grasskamp, Walter, *Schwindsüchtige Kulturetats und die Macht der Sponsoren*, Zeit-Archiv 11/1996
http://www.zeit.de/archiv/1996/11/wachstum.19960308.xml

Grosz, Andreas /. Delhaes, Daniel (Hg.), Die Kultur AG, Neue Allianzen zwischen Kultur und Wirtschaft, München-Wien 1999.

H

Hansen, Klaus P., Die Mentalität des Erwerbs, Erfolgsphilosophien amerikanischer Unternehmer, Frankfurt a. M. 1992.

Hardt, Michael/Negri, Antonio: Empire, Cambridge/London 2000.

Hensche, Detlef / van Haaren, Kurt (Hg.): Arbeiten im Multimedia Zeitalter. Hamburg (VSA) 1997.

Herkommer, Sebastian (Hrsg): Soziale Ausgrenzungen. Gesichter des neuen Kapitalismus. Hamburg (VSA) 1999.

Heyne, Paul, The Economic Way of Thinking, Chicago 1992.

Horx, Matthias, Smart Capitalism – Das Ende der Ausbeutung, Frankfurt: Eichborn, 2001.

Hutton, Will, The State We're In, London 1996.

I

IG Metall (Hrsg.), Arbeiten ohne Ende? Meine Zeit ist mein Leben! Problemlagen und Handlungsansätze für Betriebsräte. IG Metall Verwaltungsstelle Bremen: 2000.

J

Jürgens, Kerstin, *Die Janusköpfigkeit der Arbeitszeitflexibilisierung*, in: Transformation der Arbeit. Hannoversche Schriften 5. FaM 2002.

K

Klein, Ulrike, Der Kunstmarkt, Frankfurt 1993.

Komlosy Andrea, *Räume und Grenzen, Zum Wandel von Raum, Politik und Ökonomie vor dem Hintergrund moderner Staatenbildung und weltwirtschaftlicher Globalisierung*, in: Zeitgeschichte 11/12 (Wien 1995), S. 385-404.

Kopper, Hilmar, Die Bank lebt nicht vom Geld allein, München 1997.

Kreischer, Alice / Schmidt, Dierk / Siekmann, Andreas (Hg.), Messe 2ok, Amsterdam 1996.

Kühl, Stefan, Exit. Wie Risikokapitalismus die Regeln der Wirtschaft verändert, Campus Sachbuch 2003.

Kurbjuweit, Dirk, Unser effizientes Leben, Rowohlt, Hamburg 2003.

L

Landauer, Gustav, Beginnen. Aufsätze über Sozialismus, hrsg. von Martin Buber, Köln 1924, Neudruck: Wetzlar 1977.

ders., Entstaatlichung – für eine herrschaftslose Gesellschaft, Wetzlar 1978.

Lash, Scott, Sociology of Postmodernism, London 1992.

Leggewie, Claus, Amerikas Welt, Die USA in unseren Köpfen. Hamburg 2000

188

Lem, Stanislaw: Summa Technologiae, Suhrkamp 1981.

Lemke, Thamas: Eine Kritik der politischen Vernunft. Foucaults Analyse der modernen Gouvernementalität, Hamburg 1997.

Luckow, Dirk (Hrsg.), &Wirtschaftsvisionen, Peter Zimmermann, München 2001 (Siemens Kulturprogramm).

M

Makropoulos, Michael: *Möglichkeitsbändigungen*, in: Soziale Welt 41 (1990).

ders., Modernität und Kontingenz, München 1997.

Martorella, Rosanna , Corporate Art. New Brunswick – London 1990.

Meschnig, Alexander/Stuhr, Mathias, www.revolution.de, Die Kultur der New Economy, Hamburg 2001.

Michels, Robert: Zur Soziologie des Parteiwesens, Leipzig 1925.

Mörth, Ingo / Fröhlich, Gerhard (Hg.), Das symbolische Kapital der Lebensstile, Frankfurt a. Main 1994.

Mühsam, Erich, Befreiung der Gesellschaft vom Staat, zuerst erschienen als Sonderheft der Zeitschrift „Fanal" (1932), Neudruck: Berlin 1973.

N

Nabokov, Vladimir, Verzweiflung, Reinbek 2001.

Narr Wolf-Dieter/Schubert Alexander, Weltökonomie – Misere der Politik (Frankfurt/Main 1994).

Negri, Toni / Lazzarato, Maurizio / Virno, Paolo, Umherschweifende Produzenten, IDVerlag, Berlin 1998.

Nettlau, Max: Die revolutionären Aktionen des italienischen Proletariats und die Rolle Errico Malatestas, Berlin 1973.

O

Oberländer, Erwin (Hg.): Der Anarchismus. Dokumente der Weltrevolution, Bd. 4, Olten/Freiburg 1972.

P

Peters, Tom, Kreatives Chaos. Die neue Management-Praxis, Hamburg 1988.

ders., Das Tom Peters Seminar. Management in chaotischen Zeiten, Frankfurt a. M./New York 1995.

ders., Jenseits der Hierarchien. Liberation Management, Düsseldorf u.a. 1993.

ders., Der Innovationskreis, Düsseldorf/München 1998.

ders., The Brand Called You, http://www.brandyou.com

ders., Top 50 Selbstmanagement. Machen Sie aus sich die ICH AG, München 2001.

ders., Der WOW! Effekt. 200 Ideen für herausragende Erfolge. Das Tom Peters Seminar 2, Frankfurt a. M./New York 1995.

Peters, Klaus, Die neue Autonomie in der Arbeit, hrsg. vom DGB Bundesvorstand, Informationen zur Angestelltenpolitik 5/97. Wiederabgedruckt in: Kaiser, Erwin u.a., Auf zu neuen Ufern, Gewerkschaftliche Organisationsmodelle in Österreich und Europa. Wien 1999.

Peters, Klaus/Siemens, Stephan/Glißmann, Wilfried, Meine Zeit ist mein Leben. Neue betriebspolitische Erfahrungen zur Arbeitszeit. Sonderheft „denkanstösse – IG Metaller in der IBM" Februar 1999. Kann bei der IG Metall angefordert werden. Tel: 069-6693-2800.

Peters, Thomas J./Waterman, Robert H. jun., Auf der Suche nach Spitzenleistungen, Was man von den bestgeführten US-Unternehmen lernen kann (1982), Landsberg/L. 1993.

Peters, Thomas J./Austin, Nancy: Leistung aus Leidenschaft. Über Management und Führung, Hamburg 1986.

Petersen, Thomas, Gefährdete Freundschaft, Die Deutschen gehen auf Distanz zu Amerika, FAZ 19.3.2003

ders., Verletzte Gefühle, Die Auseinandersetzung um den Irak-Konflikt schadet der deutsch-amerikanischen Freundschaft, Allensbach 2003 (Institut für Demoskopie).

Pommerehne, Werner / Frey, Bruno S., Musen und Märkte, Ansätze einer Ökonomik der Kunst, München 1993

R

Raunig, Gerald (Hg.), Transversal. Kunst und Globalisierungskritik Wien 2003.

Reineke, Jost / Tarnai, Christian (Hg.): Angewandte Klassifikationsanalyse, Münster/New York 2000.

Rohr-Bongard, Linde , Kunst = Kapital, Der Capital Kunstkompass von 1970 bis heute, Köln 2001

Roloff, Heike, *US-Bilanzskandale nehmen kein Ende,* Welt am Sonntag vom 30.6.2002.

S

Sassen Saskia, Metropolen des Weltmarkts. Die neue Rolle der Global Cities (Frankfurt a. M. 1996).

Scheuch, Klaus u.a. (Hg): Arbeitsschutzforschung. Diskussionen am Ende des 20. Jahrhunderts. Technische Universität Dresden 2000.

Schumpeter, Joseph A., Beiträge zur Sozialökonomik, Wien - Köln - Graz 1987.

Silberer, Günter /Köpler, Bernd-Holger/Marquardt, Jens, Kommunikation mit Kunst im Unternehmen, Frankfurt a. M. 2000.

Smelser, Neil / Swedberg, Richard (Hg.), Handbook of Economic Sociology, Princeton 2003 (2. Aufl.).

Sombart, Werner, Der Bourgeois, München/Leipzig 1913.

Steinmüller, Angela / Steinmüller, Karlheinz, Visionen 1900–2000–2100 – Eine Chronik der Zukunft, Rogner & Bernhard 1999.

T

Thompson, Kenneth (Hg.), Media and Cultural Regulation, London u. a. 1999.

Trump, Donald / Schwartz, Tony, Trump: The Art of the Deal, London 1988

V

Virilio Paul, Fluchtgeschwindigkeit (München-Wien 1996).

von Bismarck et al. (Hg.), Branding the Campus, Kunst, Architektur, Design, Identitätspolitik, Düsseldorf 2001.

W

Wagner, Elisabeth, Kunstszenarien in Unternehmen, Berlin 1999.

Wallerstein Immanuel, Utopistik. Historische Alternativen des 21. Jahrhunderts (Wien 2002)

Weber, Max: Wirtschaft und Gesellschaft, Tübingen 1972.

Wodak, Ruth u. a., Strategien, in: Diess, Zur diskursiven Konstruktion nationaler Identität, Frankfurt a. M. 1998.

Wu, Chin-tao, Privatising Culture, Corporate Art Intervention since the 80ies, London 2002.

Z

Zoccoli, Hector, Die Anarchie (1909), Neudruck: West-Berlin 1976.